Tilman Thederan

Ein Werbeagentur-Extranet als Web-Service-Prototyp

GRIN Verlag

Bibliografische Information der Deutschen Nationalbibliothek:

Die Deutsche Bibliothek verzeichnet diese Publikation in der Deutscher National-
bibliografie; detaillierte bibliografische Daten sind im Internet über http://dnb.d-
nb.de/ abrufbar.

Impressum:

Copyright © 2006 GRIN Verlag GmbH
Druck und Bindung: Books on Demand GmbH, Norderstedt Germany
ISBN: 978-3-640-86041-8

Dieses Buch bei GRIN:

http://www.grin.com/de/e-book/73094/ein-werbeagentur-extranet-als-web-service-
prototyp

GRIN - Your knowledge has value

Der GRIN Verlag publiziert seit 1998 wissenschaftliche Arbeiten von Studenten, Hochschullehrern und anderen Akademikern als eBook und gedrucktes Buch. Die Verlagswebsite www.grin.com ist die ideale Plattform zur Veröffentlichung von Hausarbeiten, Abschlussarbeiten, wissenschaftlichen Aufsätzen, Dissertationen und Fachbüchern.

Besuchen Sie uns im Internet:

http://www.grin.com/

http://www.facebook.com/grincom

http://www.twitter.com/grin_com

Ein Werbeagentur-Extranet als Web-Service-Prototyp

Diplomarbeit

zur Erlangung des akademischen Grades
Diplom-Informatiker

an der
Fachhochschule für Technik und Wirtschaft Berlin
Fachbereich Wirtschaftswissenschaften II
Studiengang *Internationale Medieninformatik*

eingereicht von Tilman Thederan
Berlin, 03.07.2006

Inhaltsverzeichnis

1. Einleitung

Anfang dieses Jahrzehnts erlebte die technische Idee der Web-Services einen gewissen Hype. Man begann in dieser Zeit eine Gruppe vom Technologien zu standardisieren, die vom Begriff Web-Service umschrieben werden. In diesem Zusammenhang immer wieder erwähnte Vorzeigebeispiele sind die Web-Services von Amazon, Google und eBay. Inzwischen ist es zwar etwas ruhiger um den Web-Service-Begriff geworden, was aber auch daran liegt, dass sich Web-Services inzwischen etabliert haben. Nichtsdestotrotz werden derzeit verschiedene Web-Service-Technologien von Standardisierungskonsortien wie dem „World Wide Web Consortium" (W3C) weiterentwickelt.

Web-Services ermöglichen eine Kommunikation von Systemen auf unterschiedlichen Plattformen und in verschiedensten Programmiersprachen untereinander. Interessant ist dies zum einen innerhalb von Firmen, die verschiedene, über die Zeit getrennt voneinander entwickelte Software-Systeme miteinander integrieren wollen. Zum anderen ermöglichen Web-Services die Kommunikation zwischen Software-Systemen verschiedener Geschäftspartner. Die vorliegende Arbeit dokumentiert die Entwicklung eines Web-Service für einen solchen Business-to-Business Anwendungsfall.

1.1. Aufgabenstellung

Das 2004 geschaffene Extranet namens „Xtranet Staging Site System" („Xtranet") ermöglicht einer Werbeagentur mit ihren Kunden über die in Auftrag gegebenen Arbeiten zu kommunizieren. Die Agentur kann u. a. Dateien, die sie dem Kunden zur Begutachtung zur Verfügung stellen will, in das System hochladen. Der Kunde hat die Möglichkeit, über eine HTML-Benutzeroberfläche (Browser-Interface) auf die verschiedenen Arbeiten zuzugreifen, sie zu kommentieren und freizuzeichnen.

Im Rahmen dieser Arbeit soll prototypisch ein Web-Service entworfen und implementiert werden, der es dem Kunden ermöglicht, passwortgeschützt über eine Programmierschnittstelle (API) auf seinen Teil des Extranets zugreifen zu können. Es sollen mindestens die gleichen Funktionalitäten zur Verfügung stehen, wie beim Zugriff über das Browser-Interface, z. B. das Abrufen von Informationen über die Projekte und Dateien des Kunden.

Die zu entwickelnde Web-Service-API ermöglicht es einem Programmierer des Kunden, eine Anwendung in einer fast beliebigen, gängigen Programmiersprache zu schaffen, die

1

auf das „Xtranet" System zugreift. Der Kunde hätte so die Möglichkeit, Inhalte aus dem Agentur-Extranet – z. B. Informationen über Aufträge und Dateien – in eigene Systeme einzubinden.

1.2. Aufbau der Arbeit

Kapitel 2 erklärt den Begriff Web-Service und beschreibt verschiedene Spezfikationen von Web-Service-Technologien und ihre Zusammenhänge, deren Kenntnis Voraussetzung für das Verständnis dieser Arbeit ist.

Kapitel 3 beschreibt den Aufbau, die Begrifflichkeiten und die Funktionalitäten des „Xtranet Staging Site System". Diese Informationen sind ebenfalls grundlegend zum Verständnis der folgenden Kapitel.

Kapitel 4 definiert die Anforderungen an die zu schaffende Web-Service-Schnittstelle. Der Aufbau des Kapitels erfolgt in Anlehnung an den typischen Aufbau eines Pflichtenheftes, ist jedoch nicht als vollständiges Pflichtenheft zu verstehen.

Kapitel 5 erläutert die Wahl der zu verwendenden Technologien und Werkzeuge, sowie den Entwurf des zu entwickelnden „Xtranet"-Web-Service-Systems.

Kapitel 6 beschreibt die Realisierung des zuvor entwickelten Systementwurfs.

Kapitel 7 beschreibt die abschließende Testphase.

Kapitel 8 fasst die Arbeit noch einmal zusammen und bewertet das Ergebnis.

2. Fachliches Umfeld - Web-Service-Technologien

Im folgenden Abschnitt werden zunächst Definitionen des Web-Service-Begriffs beschrieben. Danach werden die Vorläufer und Alternativen zu Web-Services kurz erwähnt, bevor auf konkrete Web-Service-Technologien eingegangen wird. Abschließend wird noch der Begriff der serviceorientierten Architektur (SOA) erläutert.

2.1. Web-Services

Wenn man die Bedeutung zunächst nur vom Begriff *Web Service* abzuleiten versuchen würde, könnte es zu Missverständnissen kommen. Man könnte vermuten, ein Benutzer greift mit Hilfe eines Clients – also z. B. eines Browsers – über ein Netzwerk („Web") auf die Funktionalitäten („Services") einer Applikation auf einem entfernten Server zu, welcher eine Antwort zurückliefert, die auf dem Browser dargestellt wird, wie z. B. beim Bestellen von Artikeln in einem Webshop. Es stellt sich also eine klassische Mensch-Maschine-Kommunikation dar, worum es sich bei Web-Services aber genau *nicht* handelt!

2.1.1. Definition

Paul Prescod formuliert zunächst sehr allgemein:

> „A web service is a set of functionality offered on the public Internet or a private intranet designed to be used by another computer without real-time human oversight." [Pre06a]

Ohne auf bestimmte Protokolle oder Technologien einzugehen, stellt Prescod einen Web-Service allgemein als eine Funktionalität dar, die ein Computer über das Internet oder in einem Intranet automatisch verwenden kann. Das heißt, es handelt sich bei Web-Services um eine Maschine-Maschine-Kommunikation. Nicht ein Mensch, sondern eine Applikation ist der Web-Service-Client (WS-Client), der auf die Funktionen (den „Service") zugreift, die eine andere, entfernte Applikation bereitstellt. Man spricht davon, dass ein WS-Client einen Web-Service „konsumiert".

Folgende zwei Definitionen von Ethan Cerami (O'Reilly) und von „IBM Developer-Works" werden konkreter:

> „ (...) a Web service is any piece of software that makes itself available over the Internet and uses a standardized XML messaging system." [Cer02]

> „Web services is a technology that allows applications to communicate with each other in a platform- and programming language-independent manner. A Web service is a software interface that describes a collection of operations that can be accessed over the network through standardized XML messaging. It uses protocols based on the XML language to describe an operation to execute or data to exchange with another Web service. A group of Web services interacting together in this manner defines a particular Web service application in a Service-Oriented Architecture (SOA)." [IBM06b]

Die beiden Definitionen benennen XML-basierte Sprachen als wichtigen Baustein für eine Kommunikation zwischen Software-Applikationen, die plattform- und programmiersprachenunabhängig sind. Die Definition von „IBM DeveloperWorks" benennt außerdem das Konzept der serviceorientierten Architektur, die auf Web-Services aufbaut. Mehr dazu in Kapitel 2.8.

Das Zugreifen auf Methoden einer entfernten Software-Applikation ist nichts Neues und u. a. als Remote Procedure Call (RPC) bekannt. Es gibt verschiedene Technologien, die den maschinenübergreifenden Austausch zwischen Anwendungen ermöglichen (mehr dazu in Kapitel 2.2). Im Unterschied dazu können aber Applikationen, die mit Hilfe von Web-Services kommunizieren, sich auf unterschiedlichen Plattformen befinden und in verschiedenen Programmiersprachen geschrieben sein. Sie können miteinander kommunizieren, da sie sich auf eine standardisierte Sprache (XML-basierende Protokolle, wie SOAP, Kapitel 2.4) und einen standardisierten Transportweg (z. B. HTTP) einigen. Abbildung 2.1 zeigt eine vereinfachte Darstellung.

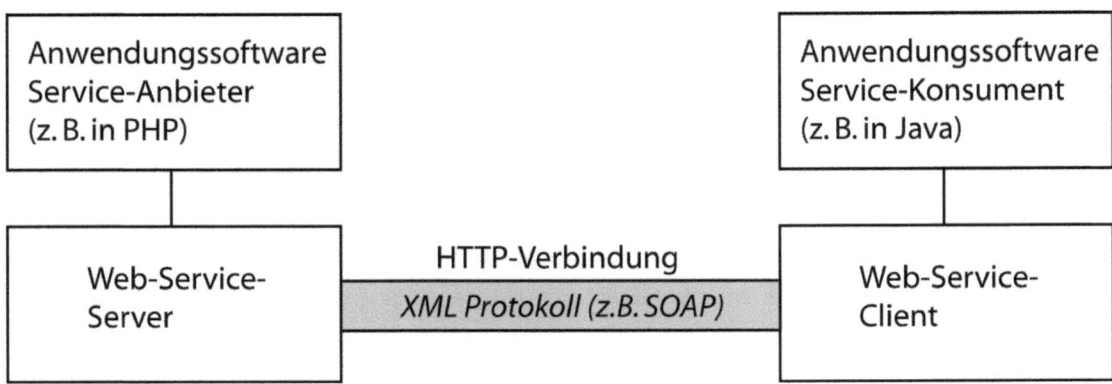

Abbildung 2.1.: Web-Service-Beispiel - vereinfachte Darstellung

Fast synonym zum Web-Service-Begriff wird heute das vom „World Wide Web Consortium" (W3C) standardisierte Protokoll-Paar SOAP/WSDL genannt, obwohl es z. B. mit

XML-RPC und REST noch Alternativen zu SOAP gibt. Auf die genannten Technologien wird später noch im Detail eingegangen.

Das W3C hat noch in seinem Web-Services-Glossar 11/2002 eine ähnliche allgemeine Erklärung des Begriffs Web-Service gegeben [W3C02], wie die oben zitierten Definitionen. In der aktuellen Version des Web-Services-Glossar des W3C von 02/2004 benennt es aber schon die zu Grunde liegenden Technologien, die es selbst standardisiert:

> „A Web service is a software system designed to support interoperable machine-to-machine interaction over a network. It has an interface described in a machine-processable format (specifically WSDL). Other systems interact with the Web service in a manner prescribed by its description using SOAP-messages, typically conveyed using HTTP with an XML serialization in conjunction with other Web-related standards." [W3C04b]

Aus Sicht des W3C ist ein Web-Service ein System für eine Maschine-Maschine-Interaktion, dessen Schnittstellen mit WSDL beschrieben werden und mit dem andere Systeme mittels über HTTP beförderte SOAP-Nachrichten interagieren.

2.1.2. Einsatzgebiete

Paul Prescod beschreibt zwei Haupteinsatzfelder für Web-Services [Pre06b, Kapitel 4]:

Als erstes können sie innerhalb einer Firma eingesetzt werden, um die Integration verschiedener Software-Systeme zu ermöglichen oder zu vereinfachen (*Enterprise Application Integration* (EAI). Mittels Web-Services können so Schnittstellen geschaffen werden, um die verschiedenen Systeme miteinander interagieren zu lassen.

Als zweites Einsatzfeld nennt Prescod die *Cross-Organization Integration* (B2B), also eine Business-to-Business Kommunikation. Eine Firma kann ihren Geschäftspartnern oder Kunden eine öffentliche Schnittstelle anbieten, die eine programmatische Interaktion mit den Software-Systemen der Firma erlaubt, z. B. um Preisauskünfte zu geben oder ein direktes Bestellen von Produkten zu ermöglichen.

In dieser Arbeit handelt es sich um einen Web-Service in einer B2B-Umgebung. Die Agentur stellt ihren Kunden eine Schnittstelle auf das Extranet-System zur Verfügung.

2.1.3. Web-Service-Interoperabilität

Der Web-Service-Anbieter kennt nicht unbedingt die Software-Architekturen des Geschäftspartners, der den Web-Service konsumieren will. Er muss aber einen möglichst einfachen Zugriff auf das System sowie eine Interoperabilität mit möglichst vielen verschiedenen und gängigen Programmiersprachen und Plattformen ermöglichen.

Für fast alle gängigen Programmiersprachen gibt es heute Implementierungen von Web-Service-Technologien – insbesondere von SOAP/WSDL. Die teilweise komplexen Technologiestandards wurden bewusst zum Teil recht allgemein und offen gehalten, was dazu führt, dass einige Web-Service-Implementierungen Eigenheiten mit sich bringen und nicht immer voll kompatibel mit anderen Implementierungen sind. Um eine möglichst hohe Interoperabilität zu fördern, arbeitet die „Web Services Interoperability Organization" (WS-I) an verschiedenen Hilfsmitteln. Als wichtigstes Hilfsmittel sind die WS-I-Profile zu nennen. Das sind Spezifikationen, die beschreiben, wie ein Web-Service aussehen sollte. Bisher gibt es das *WS-I Basic Profile*, welches derzeit in Version 1.1 vorliegt [Web04]. Dazu stellt die WS-I Testwerkzeuge zur Verfügung, mit denen man einen Web-Service auf seine Einhaltung eines WS-I-Profils überprüfen kann.

2.1.4. Web-Service-Sicherheit

Da das System quasi öffentlich im Internet zu erreichen ist, müssen Sicherheitsmechanismen wie Verschlüsselung und Passwortschutz verwendet werden.

Web-Service-Protokolle wie der SOAP-Standard definieren von sich aus keine Sicherheitsmechanismen. Die damit übermittelten Daten werden also unverschlüsselt und unsigniert transportiert. Zur Erhöhung der Sicherheit könnte der Web-Server, der den Web-Service anbietet, den gesamten Transportkanal mit Hilfe von HTTPS verschlüsseln.

Alternativ können Web-Service-Erweiterungen verwendet werden, die Sicherheitsaspekte behandeln. Die Standardisierungsgruppe „Organization for the Advancement of Structured Information Standards" (OASIS) verabschiedete dazu einen Standard „WS-Security" [OAS06], in dem verschiedene Sicherheitstechniken zusammengefasst werden. Dazu gehören u. a. Verschlüsselungen mittels XML-Encryption und Signaturen mittels XML-Signature.

2.2. Web-Service-Vorläufer und -Alternativen

Einige Programmiersprachen bringen Techniken mit, die eine RPC-Kommunikation mit entfernten Programmen, die in derselben Sprache geschrieben wurden, ermöglichen. Diese Art der Maschine-Maschine-Kommunikation wird bei objektorientierten Sprachen Remoting genannt. Bekannte Beispiele sind Remote Method Invocation (RMI) in Java oder .NET Remoting von Microsoft. Wie gerade erwähnt, können sich also z. B. zwei entfernte Java-Programme oder zwei entfernte .NET-Programme miteinander unterhalten. Vorteil dieser Remoting-Technologien ist eine höhere Performance des binären Datenaustauschs, im Vergleich zum Aufwand, der bei der XML-Serialisierung bzw. -Deserialisierung bei der Web-Service-Kommunikation betrieben werden muss. Ein großer Nachteil von Remoting ist aber auch klar zu erkennen: eine programmiersprachenübergreifende Kommunikation in heterogenen Umgebungen ist mit diesen Techniken nicht möglich. Diesen Nachteil versuchte bereits CORBA (Common Request Broker Architecture) zu überwinden. Es steht als Kommunikationsvermittler zwischen Applikationen, welche in verschiedenen Sprachen entwickelt sein können. CORBA gilt allerdings als kompliziert [HL04, S.25], „zu langsam und oftmals nicht kompatibel genug, wenn es um verschiedene Implementierungen und Standards ging". [Wik06a]

2.3. XML-RPC

Bei XML-RPC handelt es sich um die erste Technologie, die den in Kapitel 2.1 genannten Web-Service-Definitionen entspricht.

Die Firma „UserLand Software Inc." unter Leitung von Dave Winer entwickelte XML-RPC 1998. Die offizielle XML-RPC-Website von Dave Winer beschreibt das Protokoll wie folgt:

> „[XML-RPC is] a spec and a set of implementations that allow software running on disparate operating systems, running in different environments to make procedure calls over the Internet. It's remote procedure calling using HTTP as the transport and XML as the encoding. XML-RPC is designed to be as simple as possible, while allowing complex data structures to be transmitted, processed and returned." [US06]

Verschiedene entfernte Software-Systeme können mit XML-RPC Methoden über HTTP in Form XML-codierter Nachrichten aufrufen.

XML-RPC wurde mit den Ziel entwickelt, möglichst leicht verständlich und einfach implementierbar zu sein. Die letzte Spezifikation von XML-RPC ist aus dem Jahr 1999 [Win99].

Für die Parameter der Anfrage und die Rückgabewerte der Antwort stehen in XML-RPC eine Reihe von Datentypen zur Verfügung, die in einfache und komplexe Datentypen unterschieden werden können. Tabelle 2.1 listet alle einfachen Datentypen auf.

Datentyp	XML-Tag
Integer 32-Bit	`<int>12</int>`
Double 64-Bit	`<double>12.3</double>`
Boolean	`<boolean>0</boolean>`
String ASCII oder Unicode	`<string>Ein Text</string>`
Datum/Zeit dateTime.iso8601	`<dateTime.iso8601>20060703T23:59:59</dateTime.iso8601>`
Base64 codierter Binärwert	`<base64>eW91IGNhbid0IHJlYWQgdGhpcyE=</base64>`

Tabelle 2.1.: Einfache Datentypen in XML-RPC

Als komplexe Datentypen stellt XML-RPC das Array und die Struktur bereit.

```
<array>
   <data>
      <value><int>12</int></value>
      <value><string>3D Rendering Bathroom</string></value>
      <value><boolean>0</boolean></value>
   </data>
</array>
```

Listing 2.1: Ein Beispiel Array in XML-RPC

Wie man in Listing 2.1 sieht, können die Werte des Arrays verschiedene Datentypen annehmen (in diesem Beispiel Integer, String und Boolean). Ein Indexwert wird nicht mitgeführt. Sollen ein assoziatives Array oder ein Objekt mit Attributen verschiedener Datentypen in XML-RPC abgebildet werden, bietet sich die Struktur an. (Siehe Listing 2.2)

```
<struct>
   <member>
      <name>jobID</name>
      <value><int>12</int></value>
   </member>
   <member>
      <name>jobName</name>
      <value><string>3D Rendering Bathroom</string></value>
   </member>
</struct>2
```

Listing 2.2: Eine Beispiel Struktur in XML-RPC

Eine Struktur besteht aus member-Elementen, welche je ein name- und value-Elemente-Paar enthalten. Diese Datentypen können natürlich beliebig ineinander verschachtelt werden. So kann z. B. ein value-Element einer Struktur ein Array aufnehmen.

Die eigentlichen Anfragen und Anworten werden in XML-RPC wie folgt definiert. Eine Anfrage wird in einem HTTP-POST-*Request* verschickt. Ein Aufruf für eine Methode namens getJob, die Informationen eines Jobs mit der ID 12 zurückliefern soll, kann wie in Listing 2.3 dargestellt aussehen.

```
<methodCall>
    <methodName>getJob</methodName>
    <params>
        <param>
            <value><int>12</int></value>
        </param>
    </params>
</methodCall>
```

Listing 2.3: Ein Beispiel Methodenaufruf in XML-RPC

Das Wurzelelement der Anfrage ist `methodCall`. Nach dem Namen der Methode `methodName` folgen die zu übergebenden Parameter unter `params` und `param`. Der Parameterwert erscheint in `value`, wobei er noch einmal in ein Element gekapselt wird, das den Datentyp angibt.

Eine mögliche Antwort erfolgt im HTTP-*Response*. Das Wurzelelement der Antwort ist `methodResponse`, welches unter `params` den Rückgabewert enthält.

Man beachte, dass die Übergabeparameter bei der Anfrage und die Rückgabewerte der Antwort keine identifizierenden Namen haben. Falls mehrere Parameter verwendet werden, müssen sie über ihre Reihenfolge identifiziert werden, oder sie werden durch Verwendung des Struktur-Datentyps indiziert.

Im Falle einer nicht erfolgreichen Anfrage kann eine Fehlerantwort zurückgeliefert werden. Anstelle von `params` befindet sich in `methodResponse` ein `fault` Element, in dessen Wert (`value`) eine Struktur steckt, in der der Fehlercode (`faultCode`) und eine Fehlerbeschreibung (`faultString`) stehen.

XML-RPC wurde in vielen gängigen Programmiersprachen implementiert und bietet sich als einfache Technologie für die Kommunikation über HTTP zwischen verteilten Software-Systemen an. Die Einfachheit des Protokolls hat aber sowohl Vor- als auch Nachteile. Für die synchrone Nachrichtenübermittlung von *Remote Procedure Calls*, die sehr gut auf das Schema von HTTP-*Request* und -*Response* passen, ist XML-RPC gut geeignet. Es ist aber auf HTTP als Transport-Protokoll und RPC-Anwendungsfälle beschränkt. Ein weiterer wichtiger Kritikpunkt ist eine fehlende Meta-Beschreibung der vom XML-RPC-Web-Service zur Verfügung gestellten Methoden. So müssen demjenigen, der einen WS-Client implementieren will, eine Beschreibung in natürlicher Sprache oder Beispiel-Methodenaufrufe mitgeliefert werden. [HZ03, S.147f]

Die Verbreitung von XML-RPC ist außerdem nicht so groß, wie die des im folgenden Kapitel erläuterten Standards SOAP. So hat Microsoft seine Unterstützung für XML-RPC aus .NET herausgenommen. [HL04, S.39] Viele öffentliche Web-Services, wie z.B. von Google [Goo06] oder Amazon [Ama06], setzen nicht auf XML-RPC, sondern bieten SOAP- oder REST-APIs an.

2.4. SOAP

Microsoft unterstützte zunächst XML-RPC und entwickelte es dann 1999 mit dem XML-RPC Entwickler Dave Winer weiter zu SOAP. Das Protokoll wurde im Jahr 2000 beim W3C in der Version 1.1. zur Standardisierung eingereicht, wo sich weitere Firmen an der Entwicklung beteiligten. Seit 2003 ist die Version 1.2 eine W3C Empfehlung [W3C03]. Ursprünglich stand SOAP für „Simple Object Access Protocol". SOAP steht seit Version 1.2 für sich selbst und ist kein Akronym mehr. Der Name war nicht mehr treffend, da SOAP eine gewisse Einfachheit bei der Weiterentwicklung von XML-RPC verloren hatte, und ein echter Objektzugriff ebenfalls nicht erfolgt. Eine SOAP-Nachricht enthält keine Referenzen auf Objekte, sondern höchstens statische Variablen und Methodenaufrufe.

SOAP ist also wie XML-RPC ein auf XML basierendes Protokoll zur Nachrichtenübermittlung. Der Nachrichtenaustausch erfolgt zwischen sogenannten SOAP-Knoten. Bei der Wahl des Transportprotokolls ist SOAP nicht auf HTTP beschränkt, sondern kann auch u. a. über SMTP oder FTP verwendet werden.

SOAP muss – im Gegensatz zu XML-RCP – nicht nur bei Anwendungen im RPC-Stil nach einem synchronen Anfrage-Antwort-Schema zum Einsatz kommen. Es kann auch zur asynchronen Kommunikation für einen sogenannten dokumentenzentrierten Nachrichtenaustausch verwendet werden.

Wird SOAP derzeitig zwar hauptsächlich für den Nachrichtenaustausch zwischen zwei SOAP-Knoten verwendet, so spezifiziert der Standard zumindest auch, dass der Kommunikationsweg über mehrere SOAP-Knoten – sogenannte *Intermediates* – laufen kann. Nach [EF03, S.183] könnte ein ein konkretes Anwendungsbeispiel wie folgt aussehen: Eine Nachricht läuft zunächst über einen vertrauenswürdigen Dritten, der die Nachricht signiert, bevor sie zum endgültigen SOAP-Knoten gelangt.

Eine SOAP-Nachricht ist grundsätzlich wie folgt aufgebaut: In einem *SOAP-Envelope* (Umschlag) stecken ein *SOAP-Header* (Kopf) und ein *SOAP-Body* (Körper). Der *SOAP-Header* ist optional und wird daher meist auch weggelassen. Er kann z. B. für Transaktions- oder Authentifizierungsinformationen verwendet werden. Läuft die Kommunikation der SOAP-Nachricht über *Intermediates*, wird der *SOAP-Header* für entsprechende Metainformationen benötigt. Der *SOAP-Body* enthält die eigentliche Nachricht, also z. B. eine RPC-Anfrage, eine Antwort oder eine Fehlerantwort.

In Listing 2.4 sieht man eine Beispiel-Anfrage in SOAP. Der Job mit der ID 12 wird über die Methode `getJob` angefordert.

```
<?xml version="1.0" encoding="UTF-8"?>
<env:Envelope
 xmlns:env="http://www.w3.org/2003/05/soap-envelope"
 xmlns:ns1="http://thederan.com/xtranet/ws/">
    <env:Body>
        <ns1:getJob>
            <ns1:jobId>12</ns1:jobId>
        </ns1:getJob>
    </env:Body>
</env:Envelope>
```

Listing 2.4: Ein Beispiel Methodenaufruf in SOAP 1.2

Die SOAP-spezifischen und die anwendungsspezifischen Teile werden durch entsprechende *Namespaces* (hier env und ns1) unterschieden. Ähnlich wie bei XML-RPC sind Methodenaufruf und die Methodenparameter miteinander verschachtelt. Wie schon erwähnt muss der anwendungsspezifische Teil im *SOAP-Body* nicht diesem RPC-Stil folgen, sondern kann auch als beliebig strukturiertes Dokument formuliert sein, welches die konsumierende Anwendung verstehen muss. Auffallend an diesem Beispiel ist, dass keine Angabe zum Datentyp von jobId zu finden ist. Es handelt sich um eine SOAP-Nachricht im *literal* Kodierungsstil. In diesem Fall wäre die Datentyp-Beschreibung in einer XML-Schema-Definition enthalten, welche sich in der WSDL-Beschreibung befindet. Wäre das *SOAP-Encoding* (*encoded* Kodierungsstil) zum Einsatz gekommen, würde sich die Datentyp-Beschreibung direkt in der SOAP-Nachricht finden. In diesem Beispiel sähe der Parameter jobID z. B. so aus:

```
<jobId xsi:type="xsd:int">12</jobId>
```

Mehr zu den beiden Kodierungsstilen *literal* und *encoded* folgt im Kapitel 2.6 zu WSDL.

Listing 2.5 zeigt eine mögliche erfolgreiche Antwort auf die oben gestellte Anfrage. Dem WS-Client wird eine Struktur zurückgegeben, die eine entsprechende SOAP-Implementierung einer Programmiersprache – je nachdem, was für Datenstrukturen die Sprache anbietet – z. B. in ein Job-Objekt deserialisiert. Dieses Objekt könnte dann die Attribute jobId, jobName, jobNumber, mainCategoryName und jobCategoryName enthalten. Vorstellbar wäre auch eine Deserialisierung in ein assoziatives Job-Array.

Fehler werden in SOAP mit einer *SOAP-Fault*-Nachricht angezeigt. Diese enthält die Elemente FaultCode und FaultString, die den Fehler beschreiben können.

```
<?xml version="1.0" encoding="UTF-8"?>
<env:Envelope
 xmlns:env="http://www.w3.org/2003/05/soap-envelope"
 xmlns:ns1="http://thederan.com/xtranet/ws/">
   <env:Body>
      <ns1:getJobResponse>
         <ns1:Job>
            <ns1:jobId>12</ns1:jobId>
            <ns1:jobName>Bathroom Rendering</ns1:jobName>
            <ns1:jobNumber>00012</ns1:jobNumber>
            <ns1:mainCategoryName>Visualization</ns1:mainCategoryName>
            <ns1:jobCategoryName>3D Renderings</ns1:jobCategoryName>
         </ns1:Job>
      </ns1:getJobResponse>
   </env:Body>
</env:Envelope>
```

Listing 2.5: Ein Beispiel Antwort in SOAP 1.2

2.5. REST

Einige Anbieter von Web-Services bieten neben einem Zugriff mit Hilfe des SOAP-Standards auch sogenannte REST-basierte Programmierschnittstellen an. REST steht für „Representational State Transfer" und wurde erstmals in der Doktorarbeit von Roy Fielding[1] definiert [Fie00]. Laut [Cos02] handelt es sich bei REST nicht um ein standardisiertes Nachrichtenprotokoll wie XML-RPC oder SOAP, sondern um einen Architekturstil, der Standards wie HTTP, URI, HTML und XML verwendet. In einem REST-basierten Web-Service stehen sogenannte Ressourcen im Mittelpunkt, die über einen eindeutigen URI (Uniform Resource Identifier) identifizierbar sind. Das Format einer Ressource ist meist XML, kann aber z. B. auch eine Bilddatei sein. Ein Beispiel für eine Ressource des in dieser Arbeit behandelten Extranets wäre ein *Job*. Im Gegensatz zum RPC-Stil, in dem der Zugriff auf einen Job mit der ID 815 mit einer Methode getJob(815) möglich sein könnte, würde beim REST-Stil der Zugriff über den URI der Ressource erfolgen, z. B. *http://thederan.com/xtranet/ws/Job/815*. Sämtliche Zugriffe und Veränderungen auf die Ressource finden mittels der von HTTP zur Verfügung gestellten Methoden statt. Ein lesender Zugriff erfolgt mit der Methode GET. Veränderungen werden mit den Methoden POST, PUT und DELETE vorgenommen. Ein Zugriff mit GET auf den genannten URI würde eine bestimmte Repräsentation bzw. Verkörperung (*Representation*) der Ressource z. B. in Form einer HTML-Datei namens *job815.html* zurückliefern. Die Verkörperung könnte auch ein XML-Dokument sein, das die Informationen des *Jobs* in einer strukturierten Form enthält. Die Verkörperung versetzt den aufrufenden Client in

---

[1]Roy Fielding ist einer der Autoren der HTTP-Protokoll-Spezifikation

einen bestimmten Zustand (*state*) und kann Hyperlinks zu weiteren URIs von Ressourcen enthalten. Die oben genannte Ressource *Job* kann bspw. Links zu den *Assets* enthalten, die dem *Job* zugeordnet sind, wie z. B. *http://thederan.com/xtranet/ws/Asset/9541*. Folgt der Client einem Link, verändert (*transfer*) die Verkörperung der neuen Ressource dessen Zustand.

REST beschreibt im Grunde die Architektur des Webs. Das Browsen durch das Web über Hyperlinks funktioniert nach dem Prinzip des REST-Ansatzes. Da die Repräsentationen der Web-Ressourcen jedoch nicht auf HTML-Dokumente beschränkt sind, sondern auch strukturierte maschinenlesbare XML-Dokumente sein können, ist auch der Aufbau von Kommunikations-Architekturen für verteilte Software-Systeme – also Web-Services – mit REST möglich. Die Struktur der Parameter der Anfragen und die Rückgabewerte der Antworten müssen für den Nutzer des REST-Web-Service mit Hilfe von bspw. WSDL, XML-Schema oder in Textform in HTML beschrieben werden.

REST wird teilweise als eine gegensätzliche Technik zu Web-Services beschrieben, z. B. in [Wik06b]. Meist wird dann unter dem Begriff Web-Service nur der W3C-Standard SOAP verstanden. Web-Service-Anbieter wie Amazon [Ama06] aber definieren den Web-Service-Begriff allgemein und zählen REST genauso dazu wie SOAP. Da REST wie bereits erwähnt keine standardisierbare Protokollspezifikation ist, sondern ein genereller Architekturstil, gibt es auch keine konkreten REST-Implementierungen oder Programmierframeworks.

2.6. WSDL

Will ein Programmierer einen SOAP-Client entwickeln, muss er über Informationen zur Schnittstelle des SOAP-Servers verfügen: die Adresse (URI) unter der die Schnittstelle zu erreichen ist, die Namen der Methoden sowie die Namen und Datentypen bzw. Objekt-Strukturen der zu übergebenden Eingabeparameter und der zu erwartenden Rückgabewerte. Die maschinenverarbeitbare Schnittstellenbeschreibung, die einen SOAP-Web-Service beschreibt, heißt Web Service Description Language (WSDL). WSDL wird wie SOAP vom W3C spezifiziert. Zur Zeit der Erstellung dieser Arbeit lag die WSDL-Version 2.0 [2] im Status *Candidate Recommendation* vor [W3C06], also kurz vor der Erhebung in den endgültigen Status einer W3C Empfehlung (*Recommendation*). Praktisch einsetzbar ist WSDL 2.0 allerdings noch kaum, da viele SOAP-Implementierungen bisher noch ausschließlich die WSDL-Version 1.1 unterstützen, auf die auch im Folgenden eingegangen wird. WSDL 1.1 ist eine *W3C Note* aus dem Jahr 2001 [W3C01].

In den meisten SOAP-Implementierungen wird es dem Entwickler ermöglicht, mit Hilfe einer WSDL-Beschreibung einen Stellvertreter des Web-Service – ein sogenanntes Proxy-

---

[2]Wenn in einigen älteren Publikationen von WSDL 1.2 die Rede ist, ist WSDL 2.0 gemeint. Das W3C änderte die Versionsnummer während der Arbeit am *Working Draft* im November 2003 von 1.2 auf 2.0

Objekt – zu schaffen, das den Web-Service auf der Client-Seite repräsentiert. Über dieses Proxy-Objekt können dann alle Methoden des Web-Service aufgerufen werden.

Für einige Implementierungen gibt es Werkzeuge (z. B. WSDL2Java), die aus einer WSDL-Beschreibung automatisch ein Code-Gerüst eines WS-Clients generieren.

2.6.1. WSDL-Aufbau

Eine WSDL-Beschreibung ist ein XML-Dokument. Listing 2.6 zeigt die Grundstruktur eines WSDL-Dokuments. Das Wurzelelement `definitions` umschließt die fünf Teile eines WSDL-Dokuments: `types`, `message`, `portType`, `binding` und `service`.

Im `types`-Element werden die zu verwendenden komplexen Datentypen wie Objektstrukturen beschrieben. Dies geschieht mittels XML-Schema. Sollten nur die einfachen XML-Schema Datentypen verwendet werden, kann `types` weggelassen werden.

Mit `message`-Elementen werden die Übergabeparameter und Rückgabewerte der Methoden definiert. `message` enthält ein oder mehrere `part` Elemente, in denen die Datentypen der Parameter festgelegt werden. Diese sind dann entweder einfache XML-Schema-Typen oder sie beziehen sich auf die unter `types` definierten komplexen Datentypen.

Die eigentlichen Methoden des Web-Service werden unter `portType` definiert. Für jede Methode gibt es ein `operation` Element. Je nachdem, ob die Methode Übergabeparameter erwartet und/oder Daten zurückliefert, werden `input`- und `output`-Elemente angegeben, die sich dann auf Parameter beziehen, die im `message`-Element definiert wurden.

`binding` bestimmt die Protokolle, mit denen der `portType` verwendet wird. Das können SOAP, HTTP-GET oder HTTP-POST sein. Außerdem wird hier der Nachrichtenstil (*document* oder *rpc*) und der Kodierungsstil (*literal* oder *encoded*) für alle Übergabeparameter und Rückgabewerte der Methoden angegeben. Mehr dazu im folgenden Kapitel 2.6.2.

Zuletzt wird unter `service` in einem `port`-Element die tatsächliche Adresse (URI) definiert, unter der der Web-Service zu erreichen ist.

Optional können die meisten WSDL-Teile mit einem `documentation`-Element kommentiert werden.

```
<?xml version="1.0" encoding="utf-8"?>
<definitions

  <!-- Type Definitionen - die Datentypen -->
  <types>
    <xsd:schema></xsd:schema>
  </types>

  <!-- Messages - Übergabe- und Rückgabeparameter der Methoden -->
  <message>
     <part/>
  </message>

  <!-- PortType - die Methoden des Web-Service -->
  <portType>
    <operation>
      <input/>
      <output/>
    </operation>
  </portType>

  <!--Binding - Verbindung der Methoden zum Protokoll (z. B. SOAP)-->
  <binding>
    <soap:binding/>
    <operation></operation>
  </binding>

  <!-- Service - Der URI zum Web-Service -->
  <service>
    <port>
      <soap:address/>
    </port>
  </service>

</definitions>
```

Listing 2.6: Grundstruktur einer WSDL-Beschreibung

2.6.2. Nachrichtenstil und Kodierungsstil

Wie die WSDL-Operationen (also die Methoden der Anwendung) in SOAP übersetzt werden, wird, wie zuvor schon erwähnt, im *Binding* Teil der WSDL-Beschreibung festgelegt. Es stehen dabei die beiden Nachrichtenstile *rpc* und *document* zur Verfügung. Bei Verwendung des *rpc*-Stils, wird eine im WSDL-Dokument angegebene Operation in der SOAP-Nachricht automatisch zu einem Element, das die Eingabeparameter der Methode umschließt. Listing 2.7 zeigt dies beispielhaft.

```
<soap:envelope>
    <soap:body>
        <getJob>
            <jobId>5</jobId>
        </getJob>
    </soap:body>
</soap:envelope>
```

Listing 2.7: SOAP-Nachricht im *rpc*-Stil

Der *document*-Stil würde veranlassen, dass die Operation nicht zu einem Element in der SOAP-Anfrage wird, und nur die Methoden-Parameter direkt im *SOAP-Body* stehen, wie in Listing 2.8 zu sehen ist.

```
<soap:envelope>
    <soap:body>
        <jobId>5</jobId>
    </soap:body>
</soap:envelope>
```

Listing 2.8: SOAP-Nachricht im *literal*-Stil

Die Bezeichnungen legen nahe, dass man den *rpc*-Nachrichtenstil bei synchronen RPC-Anwendungen einsetzt, und der *document*-Stil bei einem Programmieransatz für asynchronen dokumentenzentrierten Nachrichtenaustausch verwendet werden soll. Russell Butek erklärt in [But05], dass diese Nachrichtenstil-Bezeichnungen unglücklich gewählt sind, weil darüber lediglich festgelegt wird, wie die Operationen des WSDL-*Bindings* in der SOAP-Nachricht erscheinen sollen. Den Entwicklern sollte darüber aber nicht diktiert werden, welches Programmiermodell sie verwenden sollen. Es steht ihnen sehr wohl frei, auch eine RPC-Anwendung im *document*-Nachrichtenstil zu realisieren. Dazu weiter unten mehr.

Für die Serialisierung von Datentypen einer Programmiersprache zu einer XML-Struktur bietet der SOAP-Standard ein eigenes *SOAP-Encoding* an. Man spricht vom *encoded*-Kodierungsstil der Nachricht. Die Verwendung dieses *SOAP-Encodings* ist optional. Beim sogenannten *literal*-Kodierungsstil kann die XML-Serialisierung nach eigenen Regeln erfolgen. In der Regel wird dann XML-Schema [W3C04a] zur Beschreibung der Datentypen verwendet. Das *SOAP-Encoding (encoded)* wurde zur XML-Serialisierung entwickelt, als der XML-Schema Standard noch nicht verabschiedet war. Heute wird deshalb die Benutzung des *SOAP-Encoding* teilweise in Frage gestellt (z. B. in [EF03, S.189ff SOAP Encodings]), da mit XML-Schema ein ausgereifter Standard für die Definition der Datentypen besteht.

Es ergeben sich nun daraus vier verschiedene Kombinationsmöglichkeiten von Nachrichtenstil und Kodierungsstil: *rpc/encoded, rpc/literal, document/encoded* und *document/-*

literal. Es wird darüber diskutiert, welche Stile am besten verwendet werden sollten. Von Bedeutung sind die sich gegenüberstehenden Kombinationen *rpc/encoded* und *document/literal.* Der *rpc/encoded* Stil entspricht nicht dem *WS-I Basic Profile 1.1,* *document/literal* nur unter bestimmten Umständen. Eine volle Interoperabilität ist damit also nicht gewährleistet. Der größte Nachteil der Verwendung des reinen *document/-literal*-Stils für eine RPC-Anwendung besteht offensichtlich darin, dass der Name der Methode in der SOAP-Nachricht fehlen würde.

Russell Butek beschreibt alle vier Stil-Kombinationsmöglichkeiten und stellt eine leicht veränderte – ursprünglich von Microsoft propagierte – fünfte Variante, den sogenannten *document/literal wrapped* Stil, als universalste Lösung heraus, die in den meisten Anwendungsfällen verwendet werden kann [But05]. In diesem Fall kann die Nachricht immer noch für eine RPC-Anwendung dienen. Im *SOAP-Body* einer Anfrage steht der Name der aufgerufenen Methode als alles umschließendes Element (daher *wrapped*) und hätte so wieder die Form einer RPC-Nachricht wie in Listing 2.7. Dieses, die Methode beschreibende Element, wird im WSDL-Dokument im `types`-Teil mit XML-Schema definiert, und nicht wie beim *rpc*-Stil aus den `operation` Elementen abgeleitet. Der Vorteil von *document/literal wrapped* ist, dass nun der gesamte Inhalt des *SOAP-Body* mittels XML-Schema definiert ist und damit validiert werden kann. Beim *rpc/literal* Stil ist dies nicht möglich, da nicht die gesamte Nachricht des SOAP-Bodies mit XML-Schema beschrieben ist, sondern nur die Parameter der Methoden. Dadurch, dass sich bei *document/literal wrapped* das XML-Schema mit der gesamten Datentyp-Beschreibung im WSDL-Dokument befindet, kann sich zudem die Größe der zu übertragenden SOAP-Nachrichten verringern, im Vergleich zu *rpc/encoded,* wo sich die Datentyp-Beschreibung mit in den Elementen der SOAP-Nachricht befinden. Ein Web-Service nach *document/-literal wrapped* Stil hält zudem die Spezifikationen des *WS-I Basic Profiles 1.1* ein

2.7. UDDI

Universal Description, Discovery and Integration (UDDI) ist ein Standard der OASIS [OAS04], der einen Verzeichnisdienst für Web-Services beschreibt. Dienstanbieter, die ihren Web-Service bekannt machen wollen, können hierfür ein UDDI-Verzeichnis nutzen. Potentielle Nutzer können entsprechende Web-Services in diesem Verzeichnis suchen.

Es gibt öffentliche UDDI-Verzeichnisse wie das von SAP (`http://uddi.sap.com/`). UDDI kann im B2B und EAI Bereich natürlich auch nicht öffentlich eingesetzt werden. Der Zugriff auf ein Verzeichnis zur Suche und Veröffentlichung von Web-Services kann sowohl manuell über ein Browser-Interface geschehen als auch programmatisch.

Ein UDDI-Eintrag kann in drei Kategorien eingeteilt werden. In den *White Pages* stehen – wie in einem Telefonbuch – grundsätzliche Angaben zur Firma, die den Web-Service anbietet, wie Name und Kontaktdaten. Die *Yellow Pages* kategorisieren die Einträge wie die gelben Seiten nach Branchen. Die *Green Pages* schließlich enthalten die technischen Angaben zum angebotenen Web-Service wie dessen URI und WSDL-Beschreibung.

2.8. Serviceorientierte Architektur (SOA)

Im Zusammenhang mit Web-Services findet man immer wieder die Erwähnung des Paradigmas der serviceorientierten Architektur (SOA). Im Gegensatz zum objektorientierten Modell, bei dem die Objekte über ihre Schnittstellen eng miteinander verbunden sind (*tight-coupling*), werden bei der SOA Ressourcen (Services) an verschiedenen Stellen in einem Netzwerk über möglichst neutrale Schnittstellen lose verbunden (*loose-coupling*). Die einzelnen Services selbst können natürlich objektorientiert entwickelt sein, das gesamte Design der Kommunikation zwischen den Services ist jedoch serviceorientiert (nach [IBM06a]). Bei der serviceorientierten Architektur geht es darum, Fähigkeiten, die verschiedene Inhaber in einem Netzwerk verteilt bereitstellen, zu organisieren und zu nutzen. Interaktionen sollen dabei nicht mehr nur in Punkt-zu-Punkt Verbindungen funktionieren, sondern wie über einen Marktplatz von Services laufen. Ein Service ermöglicht dabei den Zugriff auf eine Fähigkeit und wird von einem Service-Provider zur Verfügung gestellt. Der Service-Konsument will ein bestimmtes Bedürfnis befriedigen. Der Service-Provider hat die Fähigkeit mit seinem Service diese Bedürfnisse zu befriedigen (nach [ML06]). Als Beispiel für eine konkrete Implementierung einer SOA wird zumeist das Dreigespann der Techniken SOAP, WSDL sowie UDDI genannt.

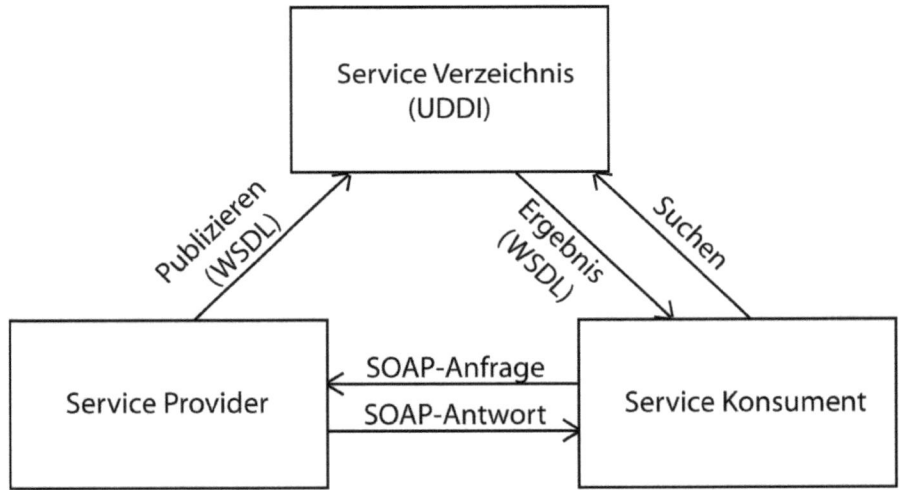

Abbildung 2.2.: Serviceorientierte Architektur

Abbildung 2.2 verdeutlicht das Prinzip der SOA. Der Service-Provider macht seinen Service in einem UDDI-Verzeichnis mit Hilfe von WSDL bekannt. WSDL beschreibt den Service. Der Service Konsument kann den gewünschten Service im Verzeichnis suchen und u. a. über dessen Beschreibung seinen URI also die Adresse des Service beim Provider erfahren. Der Konsument stellt dann mittels SOAP eine Anfrage an den Provider und erhält die Antwort wieder über SOAP.

3. Ist-Beschreibung des Xtranet Staging Site Systems

Im Folgenden wird das Extranet „Xtranet Staging Site System" beschrieben. Diese Web-Anwendung wurde 2004/2005 von mir in Zusammenarbeit mit der Agentur „The 7th Art" in New York entwickelt. Es wird zunächst der grundsätzliche Aufbau und Nutzen des Systems erklärt, bevor Begrifflichkeiten erläutert werden, die in der Kommunikation zwischen Agentur und Kunde Anwendung finden. Danach werden die Funktionalitäten gezeigt, die dem Kunden von der Werbeagentur im Extranet zur Verfügung gestellt werden.

Der Begriff Extranet ist nicht standardisiert und wird teilweise unterschiedlich interpretiert. In dieser Arbeit wird ein Extranet wie folgt verstanden: Es ist ein nicht öffentliches System, in dem eine Organisation (z. B. eine Firma) einer ausgewählten Benutzergruppe (z. B. ihren Kunden) Inhalte über das Web anbietet. Die Benutzer müssen sich beim Zugang zum Extranet authentifizieren.

3.1. Aufbau und grundsätzlicher Nutzen des Systems

Das „Xtranet" dient zur Kommunikation der Werbeagentur mit ihren Kunden über die Werke, an denen die Agentur für sie arbeitet. Das „Xtranet" ist ein *Content Management System* (CMS), welches klassischerweise aus den beiden Teilen *Content Management Application* (CMA) und *Content Delivery Application* (CDA) besteht. Die graphischen Benutzeroberflächen beider Teile sind Webseiten. Die Mitarbeiter der Agentur können über den CMA-Teil Inhalte in das Extranet einstellen. Sie laden Dateien wie Bilder, Videos, Audiostücke oder Texte für den Kunden in das System hoch und können den Kunden dann via E-Mail aus dem System heraus darüber informieren. Es handelt sich aber nicht um ein Projektmanagement-Werkzeug, welches die Kundenaufträge und Kontaktdaten verwaltet und organisiert, sondern dient nur zur Kommunikation über die geleisteten Arbeiten.

Der Kunde kann dann über den CDA-Teil des Extranets die für ihn erledigten Arbeiten betrachten bzw. herunterladen sowie kommentieren.

3.2. Begrifflichkeiten

Da dieses Extranet-System in der Werbeagentur eigenständig entwickelt wurde, leitet sich die verwendete Terminologie hauptsächlich vom verwendeten Sprachgebrauch ab, der intern verwendet wird. Da es sich um ein US-amerikanisches Unternehmen handelt, wird in dieser Arbeit bei einigen Begriffen teilweise die englische Version übernommen.

Account

Ausgangspunkt ist der Kunde, für den die Begriffe *Client* und *Account* verwendet werden. Ein gewisser Unterschied wird zwischen den beiden Begriffen manchmal gemacht. Bei großen Kunden kann ein *Client* ein Oberbegriff sein und mehrere *Accounts* unter sich haben. Projektmanager sprechen meist davon, für gewisse *Accounts* verantwortlich zu sein. In dieser Arbeit wird hauptsächlich *Account* verwendet, da das Extranet auch immer nur aus der Sicht eines Kunden (*Accounts*) betrachtet wird. Ein *Account* im System erhält eine Kombination aus Benutzername und Passwort, um auf das Extranet zugreifen zu können.

Job

Ein Kunde gibt der Agentur Aufträge, die diese als Projekte bearbeitet. Der Begriff *Project* wird dabei aber kaum benutzt. Die Rede ist meist von einem *Job*. Ein *Job* im „Xtranet Staging Site System" zeichnet sich auch dadurch aus, dass er eine eindeutige alphanumerische Job-Nummer (*job number*) erhält.

Job Category & Main Category

Jobs werden zur besseren Übersichtlichkeit in zwei Stufen kategorisiert. Zunächst muss ein *Job* einer bestimmten *Job Category* zugeordnet werden. Diese Job-Kategorien sind selbst noch einmal in so genannten *Main Categories*, also Hauptkategorien zusammengefasst. Eine *Job Category* ist also eine Unterkategorie der *Main Category*. So könnten sich bspw. unter einer *Main Category* „Film" die *Job Categories* „Promotion Film" und „DVD Authoring" befinden, denen dann jeweils entsprechende *Jobs* zugeordnet werden können.

Asset

Die eigentlichen Arbeiten, die die Agentur für den Kunden erstellt, sind Dateien verschiedener Typen. Broschüren oder Plakate werden z B. in Form von PDF- oder JPEG-Dateien präsentiert, Filme in Quicktime-Dateien, Texte in Word-Dateien, usw.. Alle diese Arbeiten werden unter dem Begriff *Asset* zusammengefasst.

Kommentar & Freizeichnen

Der Kunde hat die Möglichkeit, eine Datei mit Kommentaren (*Comments*) zu versehen, die der Agentur per E-Mail gesendet werden. Außerdem kann er eine Datei abnehmen, also bestätigen, dass er mit dem Resultat zufrieden ist. In einigen deutschen Agenturen ist es gebräuchlich zu sagen, dass der Kunde die Arbeit freizeichnet. Im Englischen wird die Abnahme der Arbeit mit *Approval* benannt.

Kontakt

Alle an einem *Job* beteiligten Personen, die über Aktualisierungen informiert werden sollen, sind Kontakte (*Contacts*). Diese werden unterschieden in Kontakte auf Kunden- und auf Agenturseite. In der Agentur sind dies meist der Projektmanager und die Art Directors, beim Kunden die verantwortlichen Ansprechpartner. In Bezug auf das Extranet-System besteht ein Kontakt aus einem Namen und einer E-Mail-Adresse.

3.3. Funktionalitäten des Systems für den Kunden

Der Kunde erhält von der Werbeagentur eine Kombination aus Benutzername und Passwort, sowie die Web-Adresse, unter der er sich in das Browser-Interface des CDA-Teils des Extranet-Systems einloggen kann. Er kann dabei ganz generell das System über eine Hauptportal-Adresse wie *http://agenturname.com/xtranet/* betreten. Er erhält dann zunächst eine Übersicht über alle *Main Categories* wie in Abbildung 3.1 zu sehen.

Abbildung 3.1.: Das „Xtranet"-Browser-Interface für Kunden: Startbild nach dem Einloggen

An oberster Stelle steht der Name des Kunden. Die Karteireiter repräsentieren die *Main Categories*. Der Kunde wählt nun eine *Main Category* und dann eine *Job Category* um eine Übersicht der darunter gruppierten *Jobs* zu erhalten. Nach Wahl eines Jobs erhält er eine Übersicht über die darin enthaltenen *Assets*. Abbildung 3.2 zeigt ein Beispiel.

In diesem Beispiel wurde die *Main Category* „Graphics" gewählt, darunter die *Job Category* „Corporate Design". Aus den drei aufgelisteten *Jobs* wurde nun der *Job* „stock images" geklickt und eine Liste von *Assets* erscheint darunter. Handelt es sich bei dem *Asset* um eine Bilddatei, wird ein Vorschaubild gezeigt. Neben dem Dateinamen erscheinen Datum und Uhrzeit des ursprünglichen Uploads der Datei sowie der letzten Aktualisierung der Datei durch die Agentur. Außerdem gibt es eine Anzeige darüber,

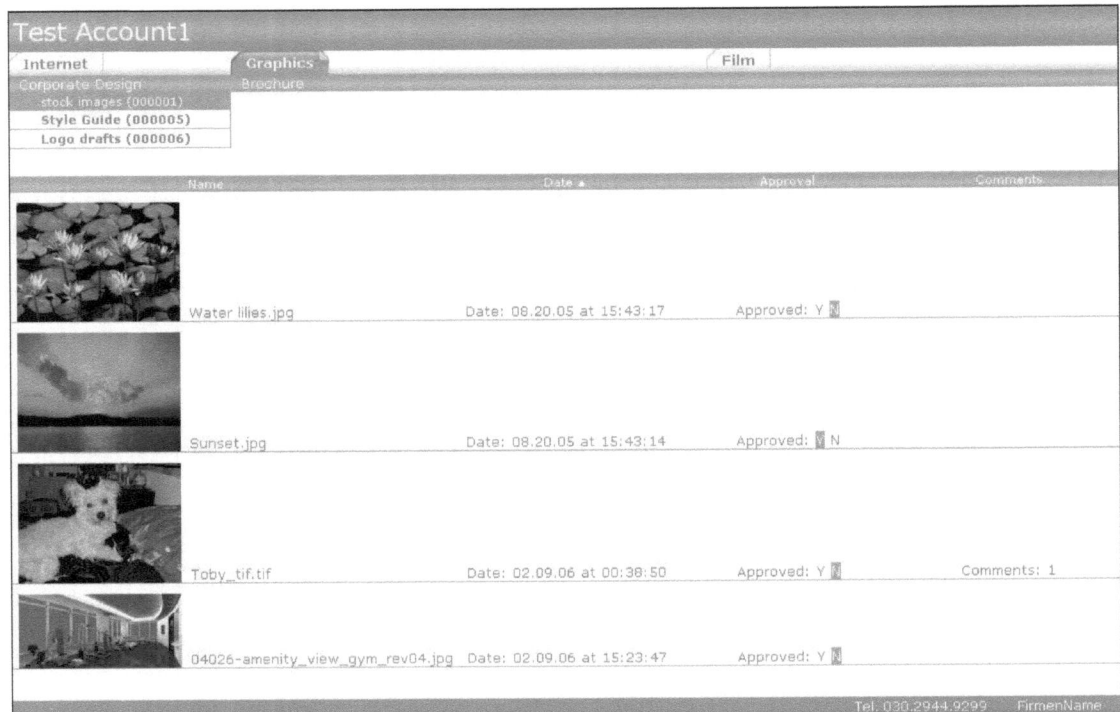

Abbildung 3.2.: Das „Xtranet"-Browser-Interface für Kunden: Übersicht über *Assets* eines *Jobs*

ob die Datei schon vom Kunden freigezeichnet wurde, und eine Anzahl der Kommentare, die bei einer Datei hinterlassen wurden. Wählt der Kunde nun ein *Asset*, erhält er Details, wie Abbildung 3.3 beispielhaft zeigt.

Bilddateien werden nur in einer Größe bis zu 1000 Pixeln Breite dargestellt. Ist das Bild größer, wird eine entsprechend verkleinerte (medium) Version angezeigt und es erscheint zusätzlich ein Link zur Originaldatei in voller Größe. Bei Dateien, die keine Bilder sind, erscheint ein Link zum Download der Datei. Für Filmdateien der Formate Real Video, Quicktime und Windows Media spielt der jeweilige Player das Video eingebettet im Fenster ab, vorausgesetzt, dass bei dem Kunden die entsprechende Videoplayersoftware installiert ist.

Mit dem Eintragen seines Namens und Klick auf den Button „*approve*" kann das *Asset* vom Kunden freigezeichnet werden. Diese Freizeichnung kann anschließend auch wieder zurück genommen werden.

Im unteren Teil befindet sich ein Formular zum Hinterlassen von Kommentaren. Diese Kommentare werden dann unter dem Formular chronologisch sortiert aufgelistet. Das Verändern des *Approval*-Status und die Kommentare werden dem Projektmanager der Agentur per E-Mail mitgeteilt.

Die Agentur hat die Möglichkeit, dem Kunden über das System eine E-Mail zu schicken, die einen direkten Link zu einem *Job* enthält (z. B. `http://agenturname.`

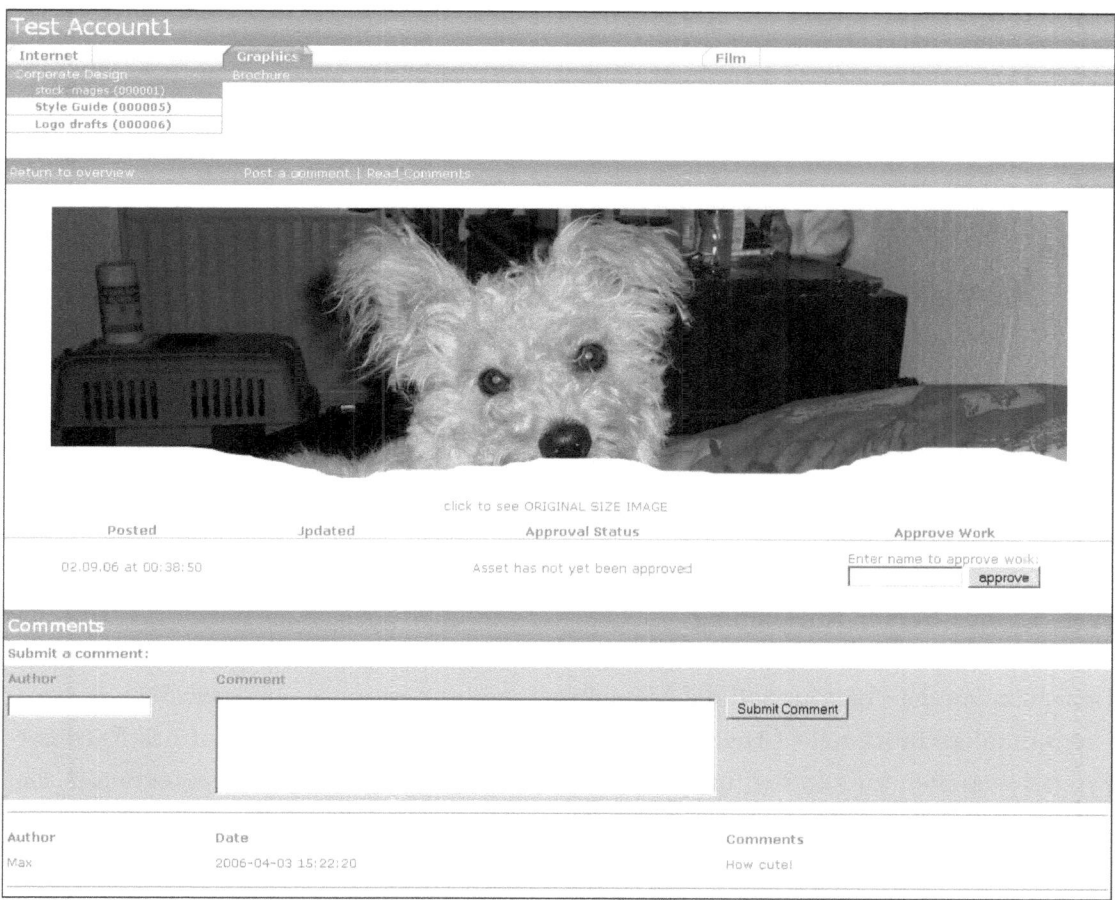

Abbildung 3.3.: Das „Xtranet"-Browser-Interface für Kunden: *Asset*-Details

com/xtranet/account_view.php?folder_id=94). Betritt der Kunden das Extranet über diesen Link, wird er nach dem Einloggen sofort zu der entsprechenden *Job*
Seite weitergeleitet.

4. Anforderungsdefinition des Xtranet-Web-Service

4.1. Zielbestimmungen

4.1.1. Musskriterien

Web-Service-Server-Anwendung

Dem Kunden der Agentur soll die Möglichkeit geboten werden, über eine Web-Service-Programmierschnittstelle *(Application Programming Interface* - API) auf das Extranet-System zugreifen zu können, um dessen Inhalte in eigene Systeme zu integrieren. Ein mögliches Beispiel-Szenario wäre ein Intranet eines Kunden, in dem es Bereiche für die Mitarbeiter gibt, die für einen Auftrag bei der Werbeagentur verantwortlich sind. Diese mitarbeiterbezogenen Bereiche könnten nun Informationen über aktuelle *Jobs* und *Assets* enthalten, die die Werbeagentur gerade für den Kunden bearbeitet. Loggt sich bspw. der Mitarbeiter am Morgen in sein Intranet ein, kann er sofort die neuen Logo-Entwürfe sehen, die die Agentur am Abend zuvor ins Extranet gestellt hat.

Man erhält mindestens die gleichen Funktionalitäten über diese Web-Service-API, wie sie beim bisherigen Zugriff über das Browser-Interface geboten werden (siehe Ist-Beschreibung Kapitel 3). Einige der Funktionalitäten können dabei über die Möglichkeiten des bisherigen Browser-Interface-Zugriffs hinaus gehen, wie z. B. ausgefeiltere Suchmöglichkeiten von *Jobs* oder *Assets*. Eine genauere Erläuterung der gewünschten Funktionen erfolgt im Kapitel 4.4 „Produktfunktionen und Produktdaten".

Die API sollte sich Programmierern möglichst einfach erschließen. Methoden und Parameter sollen konsistent und unmissverständlich bezeichnet sein.

Beispiel einer Web-Service-Client-Anwendung

Es ist weiterhin notwendig, einen einfachen WS-Client zu entwickeln, der den „Xtranet"-Web-Service konsumiert und dabei auf alle Funktionen des Web-Service zugreift. Zum einen soll damit Programmierern, die selbst einen Client entwickeln wollen, eine Beispiel-Implementation an die Hand gegeben werden, an der sie sich bei der Entwicklung orientieren können. Zum Anderen dient der Client als *Proof of Concept*, damit die

Funktionsweise des Web-Service getestet werden kann. Der Client soll über ein Browser-Interface bedienbar sein.

Sicherheit

Als Mindestanforderung an die Sicherheit muss der Zugriff auf den Web-Service passwortgeschützt erfolgen.

Für einen Echt-Einsatz des Systems im Internet mit realen Agenturdaten ist eine Verschlüsselung des gesamten Transportkanals mittels HTTPS oder einzelne Verschlüsselungen der Web-Service-Nachrichten mittels WS-Security-Techniken (siehe Kapitel 2.1.4) ein Musskriterium. Im Rahmen dieser Arbeit werden diese Kriterien jedoch nicht weiter behandelt.

4.1.2. Wunschkriterien

Interoperabilität

Der Web-Service sollte eine möglichst hohe Interoperabilität gewährleisten, sich also in möglichst vielen Programmiersprachen konsumieren lassen. Zum Testen der Interoperabilität sind weitere beispielhafte Realisierungen von Web-Service-Clients in verschiedenen Programmiersprachen als *Proof of Concept* möglich. Außerdem ist die Einhaltung von Interoperabilitätsstandards wie den WS-I-Profilen erstrebenswert.

4.1.3. Abgrenzungskriterien

Web-Service-Clients

Es wird ein Web-Service-Client entwickelt, der auf die Funktionen des Web-Service beispielhaft zugreift. Dieser stellt jedoch keine vollständige Realisierung einer Webanwendung dar, mit der ein Endbenutzer die Funktionen des Extranet-Systems intuitiv bedienen kann, sondern dient nur als Code-Beispiel für den Programmierer eines möglichen Clients und zum Testen des Web-Service.

Funktionalitäten des CMA

Der Web-Service stellt nur die Funktionalitäten des CDA-Teils des Extranets dar, also die Teile, auf die der Kunde Zugriff hat. Es werden keine Funktionalitäten des CMA-Teils als Web-Service angeboten. Für die Agentur würde derzeit kein Nutzen aus einer entsprechenden Web-Service-API entstehen, da sie die Daten des Extranets bequem mit Hilfe des Browser-Interface des bestehenden CMA-Teils pflegen kann.

Veröffentlichung mittels UDDI

Da der Zugriff auf das System nur einem eingeschränkten Nutzerkreis – den Kunden der Agentur – zugänglich ist, es sich also um eine reine nicht öffentliche B2B-Anwendung handelt, ist eine Veröffentlichung des Web-Service mittels UDDI nicht nötig.

4.2. Produkteinsatz

4.2.1. Anwendungsbereiche

Das „Xtranet" dient der Werbeagentur zur Kommunikation mit ihren Kunden über den Fortschritt der aktuellen, geleisteten Arbeit. Der bisherige Zugriff für die Kunden auf das System über ein Browser-Interface wird mit Hilfe der Web-Service-Schnittstelle erweitert und ermöglicht dem Kunden, flexibel Inhalte des Extranets in eigene Systeme zu integrieren. Es können also verschiedene Clients entwickelt werden, die die Extranet-Inhalte z. B. in das Intranet oder den Web-Auftritt des Kunden einbinden könnten.

Ist eine derartige Programmierschnittstelle auf das Extranet-System realisiert, sind auch auch Clients vorstellbar, die den Zugriff auf das System für andere Plattformen – z. B. mobile Geräte wie PDAs oder Mobiltelefone – ermöglichen.

4.2.2. Zielgruppen

Der „Xtranet"-Web-Service ist zunächst einmal an den Bedürfnissen der Programmierer ausgerichtet, die einen entsprechenden WS-Client entwickeln wollen. Natürlich müssen die Programmierer über Kenntnisse einer zu verwendenden Web-Service-Implementierung verfügen.

Die eigentlichen Nutzer, der durch den Web-Service ermöglichten Clients, sind die Kunden der Werbeagentur, die Interesse an einer Einbindung der Extranet Inhalte in eigene Systeme haben. Zusätzlich hätte die Agentur eine alternative Zugriffsmöglichkeit auf das Extranet System – neben dem bisherigen Browser-Interface – die z. B. für internetfähige PDAs oder Mobiltelefone genutzt werden könnte.

4.2.3. Betriebsbedingungen

Die Betriebsbedingungen des Web-Service unterscheiden sich nicht von denen anderer Web-Anwendungen. Wie das Browser-Interface des Extranet-Systems selbst, sollte der Web-Service 24 Stunden täglich über ein internetfähiges System erreichbar sein.

4.3. Produktumgebung

4.3.1. Software

Die Web-Anwendung „Xtranet" ist in PHP4 geschrieben. Die Installation des Web-Service muss nicht notwendigerweise auf dem Server erfolgen, auf dem das „Xtranet" installiert ist, da kein Code vom bisherigen System übernommen werden muss. Für den Einsatz des Web-Service muss nur der Zugriff auf die MySQL Datenbank der „Xtranet"-Anwendung gegeben sein. Natürlich könnten sich sowohl die „Xtranet"- als auch die Web-Service-Server-Anwendung auf demselben Server befinden. Eine Umsetzung der Web-Service-Server-Anwendung in PHP wäre vorteilhaft. So kann der Web-Service auf demselben Server wie das „Xtranet" betrieben werden, ohne eine weitere Software-Umgebung, z. B. für Java, installieren zu müssen.

Der für den Web-Service zu verwendende Web-Server und das Betriebssystem sind im Grunde frei wählbar und hängen nur von der jeweiligen Verfügbarkeit von PHP für sie ab. Als Betriebssystem sind Windows, Unix, Linux oder MacOSX, als Web-Server Apache und IIS (Windows) vorstellbar.

Die möglichen Web-Service-Client Anwendungen können in jeder Programmiersprache umgesetzt werden, die Web-Service-Implementierungen unterstützt. Für den Zugriff auf das Browser-Interface des im Rahmen dieser Arbeit zu erstellenden Clients wird ein aktueller Web-Browser, wie z. B. Firefox 1.5 oder Internet Explorer 6 benötigt.

4.3.2. Hardware und Orgware

Die für den Web-Server verwendete Hardware muss den üblichen Anforderungen genügen, die die verwendeten Betriebssysteme und Web-Server-Anwendungen (siehe Software Kapitel 4.3.1) voraussetzen. Die Hardware und die leistungsfähige Internetanbindung des Servers sollten entsprechend der Anzahl an zu erwartenden Zugriffen skalieren. Für gewöhnlich wird ein solcher Server in einem geeigneten Rechenzentrum von entsprechend geschulten Administratoren installiert und gewartet, auch um möglichst geringe Ausfallszeiten zu garantieren.

Für die Nutzung der Client-Anwendung wird, bis auf einen Zugang zum Internet, keine besondere Anforderung an die Hardware gestellt.

4.4. Produktfunktionen und Produktdaten

Die Methoden der Web-Service-API sollen die folgenden Funktionen ermöglichen:

F001 Rückgabe von Job-Daten

Der Kunde sollte Informationen zu all seinen *Jobs* abrufen können. Dabei muss unterschieden werden zwischen einer Suche nach *Jobs* mit bestimmten Kriterien, bei der eine Auflistung der Resultate der Suche erfolgt, und dem Zugriff auf einen einzelnen, bestimmten *Job* anhand seiner ID. Der Zugriff kann dabei genauer erfolgen als es bisher über das Browser-Interface der CDA möglich ist, da nach bestimmten Kriterien gefiltert wird. So kann sowohl nach *Main* und *Job Category* als auch Fragmenten des *Job*-Namens oder der *Job*-Nummer gesucht werden. Es ist auch möglich, eine Liste der *Jobs* zu erhalten, die einer bestimmten Kontaktperson zugeordnet sind. Es können zudem auch Sortierkriterien für die Ergebnisliste angegeben werden. Zu den Informationen der Ergebnisliste eines *Jobs* gehören sein Name, seine *Job*-Nummer die *Main* und *Job Category*.

Wird auf einen bestimmten *Job* zugegriffen, kann dies sowohl über eine ID als auch über die eindeutige *Job*-Nummer geschehen. Diese beiden Identifikationswerte ergeben sich aus der bestehenden Datenbank. Die ID ist ein ganzzahliger Wert, wogegen die *Job*-Nummer ein String wie „BR-0815" sein kann.

F002 Rückgabe von Asset-Daten

Wie auch bei den *Jobs* muss bei den *Assets* zwischen der Suche mit einem Abruf einer Liste von *Assets* und dem Abruf eines bestimmten *Assets* über seine eindeutige ID unterschieden werden. Als Suchkriterium für die Zusammenstellung einer Liste von *Assets* möchte man möglichst alle Details einbeziehen können, also z. B. die Suche nach bereits freigezeichneten *Assets* eines bestimmten *Jobs*. Details eines *Assets* sind eine Information darüber, zu welchem *Job* es gehört, sein Name und den URI, unter dem die Datei verfügbar ist. Zu den weiteren Details gehören Datum und Uhrzeit des Uploads und der letzten Aktualisierung, sowie Informationen darüber, ob und von wem das *Asset* freigezeichnet wurde. Falls es sich um eine Bilddatei handelt, stehen auch URIs zu den Medium- und *Thumbnail*-Vorschaubildern zur Verfügung. Falls Kommentare zu einem *Asset* abgegeben wurden, liegt eine Information über die Anzahl der Kommentare vor. Die Wahl der Sortierreihenfolge und die Begrenzung der Listengröße ist auch hier möglich.

F003 Rückgabe von Kommentaren

Auch auf die *Asset*-Kommentare kann wieder in einer Listenform oder einzeln über eine eindeutige ID Zugriff genommen werden. Zu einem Kommentar gehören neben dem Kommentartext der Name des Autors, das Erstellungsdatum sowie die Information, zu welchem *Asset* der Kommentar verfasst wurde. Bei der Zusammenstellung einer Kommentarliste kann man nach Kommentaren eines bestimmten *Jobs* und/oder Autors suchen. Sortierungs- und Listenbegrenzungsmöglichkeiten werden verlangt.

F004 Kommentar hinzufügen

Da es dem Kunden im CDA-Teil möglich ist, selbst einen Kommentar zu einem *Asset* zu verfassen, muss auch der Web-Service diese Funktionalität bieten. Das nachträgliche Ändern von Kommentaren ist nicht möglich. Neue Kommentare werden der Agentur per E-Mail geschickt, wenn entsprechende Kontaktdaten dem betreffenden *Job* zugewiesen wurden.

F005 Rückgabe von Kontaktdaten

Im Extranet sind Daten zu Kontaktpersonen auf Kundenseite und auf Agenturseite abgespeichert. Diese Kontakte können bestimmten *Jobs* zugeordnet sein. Dem Client ist es möglich, sowohl auf die generellen Kontakte des Kunden als auch auf Kontakte, die mit bestimmten *Jobs* verknüpft sind, zugreifen zu können. Der Zugriff kann wieder in Form einer Liste, als auch auf einen bestimmten Kontakt erfolgen. Über die Sortierreihenfolge kann entschieden werden. Die Anzahl der Anzeige von Kontakten in einer Liste kann begrenzt werden. Ein Kontakt besteht aus einem Namen, einer E-Mail-Adresse und optional einer Unternehmensposition.

F006 Kontakt hinzufügen

Der Kunde kann eigene Mitarbeiterkontakte in das System hinzufügen. Optional ist es im gleichen Schritt möglich, den neuen Kontakt mit einem sich im System befindlichen *Job* zu verknüpfen, damit der Kunde über Änderungen am *Job* per E-Mail informiert wird.

F007 Kontaktdaten ändern

Der Kunde kann Namen und E-Mail-Adresse eigener Mitarbeiterkontakte aktualisieren. Sämtliche möglichen Verknüpfungen des Kontakts mit *Jobs* bleiben dabei bestehen.

F008 Kontakte löschen

Seine eigenen Kontakte kann der Kunde löschen. Sämtliche vorhandene Verknüpfungen des Kontakts mit *Jobs* werden dabei gelöscht.

F009 Kontakte mit Jobs verknüpfen

Der Kunde kann seine sich bereits im System befindlichen Kontakte mit *Jobs* verknüpfen, damit diese Kontakte bei Aktualisierungen eines *Jobs* per E-Mail informiert werden.

F010 Verknüpfungen von Kontakten mit Jobs lösen

Verknüpfungen zwischen seinen Kontakten und *Jobs* kann der Kunde wieder lösen, ohne den Kontakt selbst und mögliche weitere Verknüpfungen zu löschen.

F011 Assets freizeichnen

Der Kunde kann den Freizeichnungsstatus für ein bestimmtes Asset auf „freigezeichnet" oder „nicht freigezeichnet" ändern. Standardmäßig ist ein Asset zunächst immer auf „nicht freigezeichnet" gesetzt. Der Kunde muss den Namen der Person angeben, die den Status ändert. Das Datum der Änderung wird dabei automatisch festgehalten. Das Ändern des Freizeichnungsstatus wird der Agentur per E-Mail mitgeteilt, wenn entsprechende Kontaktdaten dem betreffenden *Job* zugewiesen wurden.

F012 Ändern des Passworts

Der Kunde kann den Login-Namen und das Passwort für seinen Zugang zum Extranet ändern. Ist der gewünschte Login-Name bereits im System vergeben, wird dem Client eine entsprechende Fehlermeldung präsentiert. Login-Name und -Passwort gelten sowohl für den Zugriff auf das Extranet per Browser-Interface als auch per Web-Service-Schnittstelle.

Passwortgeschützter Zugang

Um den unbefugten Zugriff auf möglicherweise vertrauliche Daten des Kunden im Extranet zu verhindern, muss der Client-Zugriff auf die Web-Service-Schnittstelle geschützt werden. Für alle Funktionen (F001 bis F012) gilt daher, dass der Zugriff nur mit der Kombination aus Benutzername und Passwort erfolgen darf, mit der auch der bisherige Zugang über das Browser-Interface geschieht.

Umgang mit Listen

In den Funktionen F001, F002, F003 und F005 ist es jeweils möglich, sich eine Liste von Objekten zurückliefern zu lassen, also z. B. eine Liste von *Jobs*. Um das Datenaufkommen bei zu langen Listen einzuschränken, ist es möglich, die Anzahl der Objekte einer Liste zu bestimmen und auf mehrere „Seiten" zu verteilen, wobei über eine Seitennummer auf den gewünschten Teil der Liste zugegriffen werden kann. Würde bspw. eine Liste von *Jobs* 20 verschiedene *Jobs* enthalten, und der Kunde wählt die Ausgabe von maximal 10 *Jobs*, so hat er die Möglichkeit über die Seitennummern 1 oder 2 die ersten oder die letzten 10 *Jobs* der Liste zu sehen.

4.5. Produktleistungen

Macht der Kunde fehlerhafte Eingaben oder versucht auf *Jobs*, *Assets*, Kommentare oder Kontakte zuzugreifen, die nicht vorhanden sind bzw. nicht zu ihm gehören, wird ihm eine entsprechende, erklärende Fehlermeldung zurückgeliefert.

Der Web-Service sollte innerhalb weniger Sekunden antworten, wobei dies von der Leistung der Internetverbindung zwischen Client und Web-Service und der Größe der zur übertragenden Daten abhängt. Aus diesem Grund kann der Client beim Abruf von *Job-*, *Asset-*, Kommentar- oder Kontaktlisten die Anzahl der zu übertragenden Einträge bestimmen.

4.6. Benutzungsoberfläche

Das Browser-Interface des zu entwickelnden Beispiel-Client für den Web-Service dient nur zum Testen des Web-Service. Es werden daher keine besonderen Anforderungen an die Benutzungsoberfläche gestellt. Die Methoden der API sind über eine Webseite bedienbar. Die Rückgabewerte der Methoden erscheinen auf der gleichen Webseite.

4.7. Testszenarien und Testfälle

Funktionale Tests

Sämtliche Methoden des Web-Service müssen mit allen Eingabeparametern getestet werden. Korrekte und unkorrekte Parameter müssen ebenso getestet werden, wie Versuche von Zugriffen auf *Jobs*, *Assets*, Kommentaren und Kontakten, die nicht dem eingeloggten Kunden gehören.

Um die Tests zu ermöglichen, wird das „Xtranet"-System zuvor über die CMA mit entsprechenden Testdaten gefüllt. Zwei Beispiel *Accounts* werden angelegt, und es werden einige *Jobs* diesem *Account* zugewiesen. Zu jedem *Job* werden eine Reihe verschiedener Dateien hochgeladen – Bilddateien, PDFs und Videodateien. Über den CDA-Teil des Systems werden einigen dieser *Assets* Kommentare hinzugefügt und Freizeichnungen erteilt.

Interoperabilitätstests

Da der Web-Service von möglichst vielen SOAP-Implementierungen in verschiedenen Programmiersprachen konsumierbar sein sollte, muss er mit verschiedenen SOAP-Client-Implementierungen getestet werden.

Wie in Kapitel 2.1.3 beschrieben, ist die Einhaltung des *WS-I-Basic-Profile 1.1* ein gutes Indiz für einen möglichst interoperablen Web-Service. Der „Xtranet"-Web-Service wird daher auf Konformität mit dieser Spezifikation getestet.

5. Entwurf

Aus der Anforderungsdefinition ergibt sich, dass zwei Anwendungen zu entwickeln sind:

1. Web-Service-Server: Der Web-Service-Server hat eine direkte Verbindung zur Datenbank des Extranet-Systems und stellt eine API zur Verfügung, um auf die Daten des Systems zugreifen zu können. Es wird eine RPC-Anwendung geschaffen, die dem Nutzer eine API auf das Extranet bietet, ohne einen direkten Datenbankzugriff zu erlauben. Damit bietet der Web-Service nur ausgewählte Methoden, die den Systemzugriff auf die Funktionalitäten beschränkt, die die Agentur dem Kunden bieten will. Die Methodenaufrufe der API werden über XML-Nachrichten realisiert.

2. Web-Service-Clients: Ein oder mehrere Web-Service-Clients werden entwickelt, die auf alle Methoden des Web-Service-Servers zugreifen. Zum einen dient ein Web-Service-Client als Beispielimplementation für Programmierer, zum anderen als *Proof of Concept* des Web-Service.

5.1. Wahl der zu verwendenden Technologien

Wie im Kapitel 2 zu den Web-Service-Technologien beschrieben, stehen XML-RPC, SOAP aber auch der REST-Ansatz als mögliche Alternativen zur Verfügung, um eine auf XML-Nachrichten basierende Programmierschnittstelle zu realisieren. Nach [EF03, S. 39] bietet sich XML-RPC für kleine, schnell umzusetzende Projekte an.

SOAP hingegen werden bessere Zukunftsaussichten bescheinigt. Es basiert auf der älteren XML-RPC Idee. SOAP und damit verknüpfte Technologien wie WSDL oder WS-Security sind Standards, die aktiv von Organisationen wie dem W3C und OASIS betreut und weiterentwickelt werden. Entsprechende Implementierungen der Standards in verschiedenen Programmiersprachen werden ebenfalls aktiv weiterentwickelt und stehen für viele gängige Programmiersprachen zur Verfügung. Die den SOAP-Standard erweiternden Standards erhöhen dessen Funktionalität. Insbesondere die Beschreibung des Web-Service mittels WSDL ermöglicht erst eine automatische Erstellung von Proxy-Objekten auf Client-Seite und in einigen Implementierungen die Generierung von Code-Gerüsten, die dem Programmierer die Entwicklung von WS-Clients vereinfacht.

Ein Web-Service nach REST-Prinzipien basiert, wie bereits erwähnt, nicht auf festgelegte, standardisierte Protokolle. Es gibt daher auch keine Implementierungen bzw.

Programmierframeworks, die die Erstellung eines REST-Web-Service bzw. eines REST-Web-Service-Clients erleichtern. Der Client muss mögliche zurückgegebene in XML serialisierte Objekte selbst parsen und in Objekte seiner verwendeten Programmiersprache deserialisieren.

Die Wahl auf die zu verwendende Web-Service-Technologie fällt daher auf SOAP.

Da das bisherige Extranet-System „Xtranet" in PHP entwickelt wurde, und der Web-Service möglichst in der selben Server Umgebung[1] laufen soll, wird auch der Web-Service in PHP programmiert. Für PHP stehen verschiedene SOAP-Implementierungen zur Verfügung. Bis zum Erscheinen von PHP5 im Sommer 2004 waren für PHP4 hauptsächlich die beiden Implementierungen „NuSOAP" und „PEAR::SOAP" im Einsatz. Beide SOAP-Implementierungen wurden von Entwicklern der PHP-Gemeinde in PHP geschrieben. In PHP5 ist nun eine eigene SOAP-Implementierung enthalten, die eine echte, in C geschriebene, offizielle PHP-Erweiterung ist [PHP06b]. Insbesondere aufgrund der höheren Performance, die eine C-basierte PHP-Erweiterung gegenüber einer in PHP entwickelten Implementierung bietet, setzt sich die PHP5-SOAP-Erweiterung vermutlich in Zukunft durch, und wird auch hier in dieser Arbeit verwendet. Die Erweiterung ist in PHP5 zwar enthalten, muss beim Installieren aber explizit aktiviert werden.

Die PHP5-SOAP-Erweiterung unterstützt sowohl SOAP 1.1 als auch SOAP 1.2. Bei Erzeugung eines SOAP-Servers kann zwar die Versionsnummer angegeben werden, ob die SOAP-Antworten jedoch in Version 1.1 oder 1.2 an den anfragenden Client gesendet werden, hängt nur davon ab, ob der Client die Anfrage in SOAP 1.1 oder 1.2 stellt.

Der in Kapitel 4.1.1 in den Musskriterien definierte Web-Service-Client wird ebenfalls mit der PHP5-SOAP-Erweiterung realisiert.

Zur Überprüfung der Interoperabilität des „Xtranet"-Web-Service können, wie in den Wunschkriterien in Kapitel 4.1.2 definiert, weitere SOAP-Clients in verschiedenen Programmiersprachen entwickelt werden. Im Rahmen dieser Arbeit wird noch ein Java-Client auf Basis der SOAP-Implementierung Axis 1.3 der „Apache Software Foundation" [Apa05] sowie ein SOAP-Client in Adobe (ehemals Macromedia) Flash 8 Professional Actionscript entwickelt [Ado05].

5.2. Wahl der zu verwendenden Entwicklungswerkzeuge und -umgebungen

Im Rahmen dieser Arbeit werden SOAP-Implementierungen in verschiedenen Programmiersprachen bei der Realisierung verwendet.

Der zu entwickelnde PHP5-SOAP-Server wird mit Apache 2.2.0, PHP 5.1.4 und MySQL 4.1.14 unter Windows XP entwickelt und getestet. Der PHP5-SOAP-Client wird in der

---

[1]wie in Kapitel 4.3.1 zur Produktumgebung beschrieben

selben Umgebung entwickelt. Für den Java-Client wird Java 1.5.0_06 verwendet und Axis 1.3 auf dem System installiert. Die verwendeten Entwicklungstools für den PHP5-SOAP-Server und -Client sowie für den Java-Axis-Client sind Eclipse 3.1.2 mit dem Plugin PHPEclipse 1.1.7. Der Flash-Client wird mit Flash Professional 8 entwickelt. Zur MySQL-Datenbank-Administration kommt PHPMyAdmin 2.8.0.3 zum Einsatz. Das für die Entwicklung und Tests verwendete System ist ein Intel Pentium 4 mit 3,0 Ghz und 1 GByte RAM.

Der PHP5-SOAP-Server und -Client werden zudem auf einem in einem Rechenzentrum befindlichen Linux-Server mit Apache 2.0, PHP 5.1.4 und MySQL 4.1.9 getestet.

5.3. Entwurf des Xtranet-Web-Service

Dem Programmierer, der die Web-Service-API verwenden will, soll über einen objektorientierten Ansatz der Zugang zum System ermöglicht werden. Der Web-Service liefert die Daten des Extranets über seine Methoden als Objekte zurück. Die SOAP-Implementierung liefert diese Objekte als komplexe Datentypen in XML serialisiert an den Client.

Ausgehend von den Entitäten der bestehenden „Xtranet"-Datenbank (siehe ERM in Anhang A) und der Ist-Analyse des „Xtranet"-Systems (Kapitel 3) lassen sich zunächst die in Abbildung 5.1 aufgelisteten Objekte ableiten. Diese beschreiben Daten des Extranet-Systems, die der Nutzer der API erwartet. Eine nähere Erläuterung erfolgt in Kapitel 5.3.1.

Man erkennt, dass die Klassen nur Attribute aber keine Methoden besitzen. Es ist nicht möglich mit SOAP irgendeine Form von Programmierlogik zu übertragen, sondern nur Daten und Datenstrukturen. Es besteht auch keine echte Objektreferenz zwischen den Objekten die SOAP zurückliefert. Die im Diagramm angegebenen Beziehungen und Kardinalitäten sind daher nur logisch zu verstehen und können in SOAP nicht abgebildet werden. So kann z. B. das `Job`-Objekt keine Methode `getAssets` enthalten, die auf dessen `Asset`-Objekte referenzieren würde.

Sämtliche Methoden, die dem WS-Client letztendlich zur Verfügung stehen, werden über die eigentliche Web-Service-Klasse `XtranetWebService` realisiert, auf die in Kapitel 5.3.4 eingegangen wird.

Es ist natürlich möglich, dass die Client-Applikation, die die Objekte aus SOAP wieder in echte Objekte der verwendeten Programmiersprache deserialisiert, diesen Objekten Methoden hinzufügt, die den Umgang mit ihnen erleichtert oder den Zugriff auf die Attribute mit *Getter/Setter*-Methoden versieht.

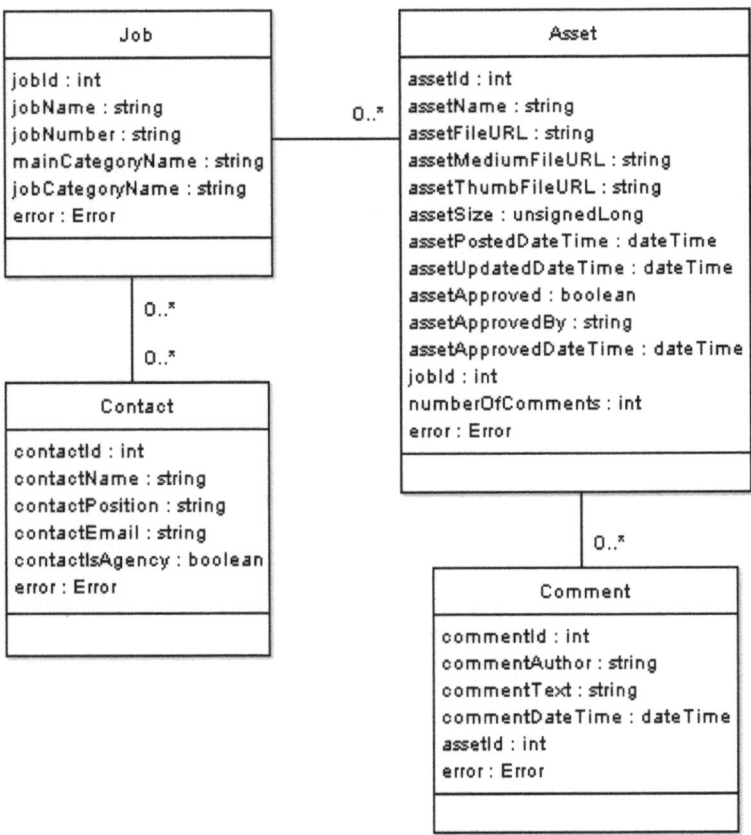

Abbildung 5.1.: Datenobjekte des „Xtranet"-Web-Service

5.3.1. Datenobjekte

Allen Einzelobjekten ist gemein, dass sie über eine eindeutige ID identifizierbar sind, die sich aus dem entsprechenden Primärschlüssel der Datenbank ableitet.

Ein `Job`-Objekt ist neben seiner `jobId` auch über seine `jobNumber` eindeutig identifizierbar. Die `jobNumber` kann ein String sein (z. B. „BR-0815"), der nur einzigartig in der Datenbank vorkommen darf. Außer dem Namen des *Jobs* sind noch die Namen der zugehörigen *Main* und *Job Category* Attribute des Objekts.

Ein `Asset` ist ein Objekt mit den meisten Einzelinformationen. Es gibt Auskunft über seinen Namen, den URI, über die auf die Datei zugegriffen werden kann, Dateigröße, Datum und Uhrzeit des Uploads und der letzten Aktualisierung sowie Informationen darüber, ob die Datei vom Kunden freigezeichnet wurde und wenn ja, von wem. Bei Bildern können Vorschaudateien unter `assetMediumFile` und `assetThumbFile` zur Verfügung stehen. Es ist zwar mit SOAP möglich, auch binäre Anhänge in der SOAP-Nachricht zu verschicken. Jedoch würde in diesem Anwendungsfall kein Vorteil daraus entstehen, wenn die Dateien direkt in der SOAP-Nachricht enthalten wären. Im Gegenteil – die SOAP-Nachricht könnte mit einem binären Dateianhang unvorhergesehen große Ausmaße annehmen. Deshalb erfolgt der Zugriff des Clients auf die Dateien über URIs.

Die `jobId` des `Asset`-Objekts gibt an, zu welchem *Job* das *Asset* gehört. Wie bereits erwähnt, ist ein direkter Zugriff auf das logisch mit dem `Asset` verknüpfte `Comment`, z. B. mittels einer möglichen `getComments` Methode des `Asset`-Objekts, nicht möglich. Eine Anfrage auf Kommentare müsste mittels einer Methode der Web-Service-Klasse `XtranetWebService` (`getComment`) erfolgen. Ob das Anfragen von Kommentaren zum `Asset` erfolgreich wäre, also ob Kommentare zu einer Datei hinterlassen wurden, kann über deren Anzahl zuvor in `numberOfComments` in Erfahrung gebracht werden.

Ein `Comment`-Objekt enthält den Kommentartext, den Namen des Autors, das Datum der Erstellung und die ID des *Asset*, zu dem der Kommentar verfasst wurde.

Ein `Contact`-Objekt enthält den Namen der Kontaktperson, die Position im Unternehmen und ihre E-Mail-Adresse. Die Boolesche Variable `contactIsAgency` gibt an, ob diese Kontaktperson zum Kunden gehört oder Mitarbeiter der Agentur ist.

5.3.2. Listenobjekte

Zu jedem Einzelobjekt gibt es ein Listenobjekt, das mehrere dieser Einzelobjekte enthält. So kann z. B. nach einer Auflistung aller *Jobs* des Kunden gefragt werden, woraufhin ein `JobList` Objekt mit einem Array zurückgeliefert wird, welches mit den zutreffenden `Job`-Objekten gefüllt ist. Wie unter „Umgang mit Listen" im Kapitel Produktfunktionen 4.4 erläutert, soll sich die Größe einer Liste einschränken lassen. Ein Listenobjekt enthält daher neben den eigentlichen Datenobjekten auch Informationen darüber, welchen Teil der Liste das Objekt enthält.

Abbildung 5.2 zeigt am Beispiel von `Job` wie mit der dazugehörigen Klasse `JobList` ein Listenobjekt davon realisiert wird. Die Klasse `ListClass` enthält die Attribute, die benötigt werden, um eine Liste zu realisieren, die auf eine bestimmte Objektzahl beschränkt ist. Das Attribut `resultsTotal` enthält die Gesamtzahl aller Objekte, die eine uneingeschränkte Anfrage ergeben würde. Die sich aus der Einschränkung ergebene Anzahl an Seiten, auf die sich die Resultatmenge verteilt, steht in `pagesTotal`. Die vom Nutzer angefragte Seitenzahl steht zur Kontrolle noch einmal in `pageNumber`. Falls eine ungültige Seitenzahl angefragt wurde, enthält `pageNumber` den Wert -1.

Für die Realisierung der Listen der Objekte `Job`, `Asset`, `Comment` und `Contact` erben die dazugehörigen Klassen `JobList`, `AssetList`, `CommentList` und `ContactList` die Attribute der `ListClass`. Das Diagramm in Abbildung 5.2 zeigt beispielhaft nur die `JobList`.

Die Generalisierung der Listenobjekte auf ihre Superklasse `ListClass` dient nur bei der Programmierung des SOAP-Servers. Für den SOAP-Client stellt sich eine angefragte Liste von Objekten wie in Abbildung 5.3 dar. Jedes Listenobjekt (hier wieder die `JobList` als Beispiel) enthält die Attribute `resultsTotal`, `pagesTotal` und `pageNumber`.

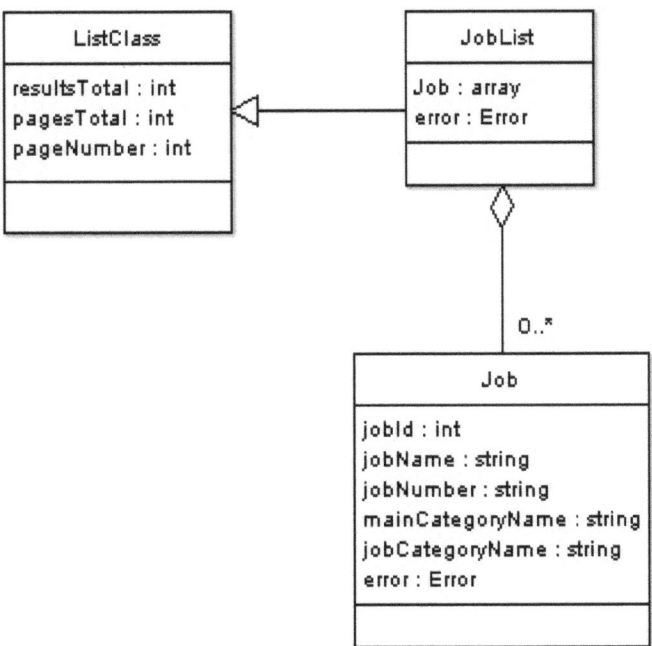

Abbildung 5.2.: Beispiel eines Listenobjekts - Implementierung

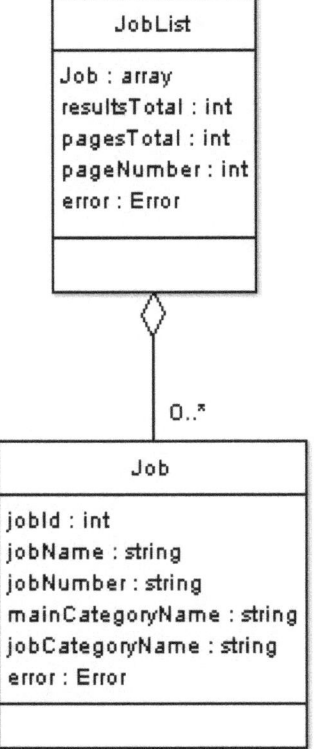

Abbildung 5.3.: Beispiel eines Listenobjekts - SOAP-Rückgabe

5.3.3. Fehlerbehandlung

Im Falle eines Fehlers bei der Kommunikation mittels SOAP ist es möglich, dass die SOAP-Nachricht anstatt des serialisierten Datenobjekts einen entsprechenden *SOAP-*

Fault enthält. *SOAP-Faults* sollen zurückgeliefert werden, wenn technische Probleme auftreten, wie fehlerhafte Methodenbezeichnungen bei der Anfrage des Clients, also Fehler, die clientseitig schon verhindert werden können. Aber auch ein Ausfall der Datenbankverbindung wird mit einem *SOAP-Fault* angezeigt. Liegen dagegen anwendungsspezifische Fehler vor, wie z. B. die Angabe eines falschen Login-Namens oder -Passworts, oder wenn die Anfrage keine Resultate zurückliefert, dann soll eine SOAP-Nachricht zurückgegeben werden, die das angefragte Objekt mit einem `Error`-Objekt enthält. Alle Daten- und Listenobjekte können `Error`-Objekte erzeugen. Die Abbildung 5 4 zeigt als Beispiel das `Comment`-Objekt. Das `Error`-Objekt gibt über einen `errorCode` und eine `errorMessage` Auskunft über den aufgetretenen Fehler.

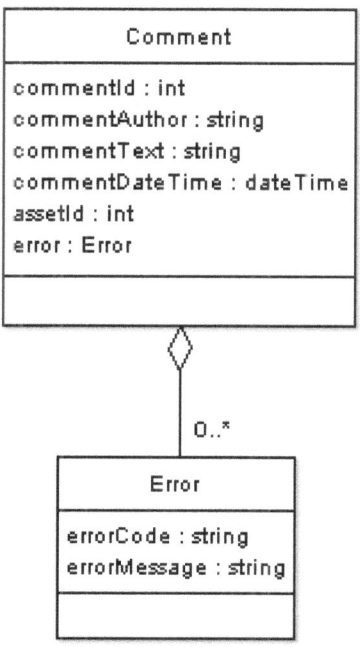

Abbildung 5.4.: `Error` Klasse

5.3.4. Die Xtranet-Web-Service-Klasse

Sämtliche vom Web-Service angebotenen Methoden werden in der Klasse `XtranetWebService` definiert. Ausgehend von der Anforderungsanalyse in Kapitel 4 lassen sich die in Tabelle 5.1 aufgelisteten möglichen Methoden des „Xtranet"-Web-Service ableiten. Wenn nicht anders in der Tabelle angegeben, sind die Parameter vom Datentyp String. Optionale Parameter sind in *kursiver* Schrift dargestellt.

Jede Methode muss als erste Parameter den Login-Namen und das Login-Passwort enthalten, um den Kunden zu authentifizieren. Wie in den Anforderungen in Kapitel 4.1.2 beschrieben, wäre für einen Echt-Einsatz des Systems mit realen Agenturdaten die Verwendung von Verschlüsselungstechnologien unabdingbar, um ein Ausspionieren der Authentifizierungsinformationen zu verhindern.

Bei allen Methoden, die eindeutige Einzelobjekte anfragen (getJob, getAsset, getComment, getContact) muss eine eindeutige ID das gewünschte Objekt identifizieren. Beim Job bestehen zwei eindeutige IDs – die jobId und die jobNumber – die wahlweise eingesetzt werden können. Die jobNumber kann eine Zeichenkette sein (z. B. „BR-0815"), die genau angegeben sein muss.

Alle Methoden, die Listen von Objekten zurückliefern, bieten zur Eingrenzung der Liste als Eingabeparameter die Attribute der Objekte als mögliche Suchfelder an. Die Werte der String-Parameter können dabei auch nur Zeichenkettenteile enthalten. So reicht z. B. die unvollständige Angabe eines Job-Namens zur Suche aus. Auch die DateTime Parameter wie assetPostedDateTime sind nur Zeichenketten, die unvollständig sein können, z. B. nur das Jahr und den Monat (wie „2006-05") enthalten müssen.

Über den Parameter orderBy kann angegeben werden, nach welchem Objekt-Attribut die Liste sortiert zurückgegeben werden soll. Eine aufsteigende oder absteigende Sortierrichtung kann in sortOrder mit „ASC" oder „DESC" bestimmt werden. Der Parameter numberOfResults schränkt schließlich ein, wieviele Objekte die Liste enthalten soll. Desweiteren gibt pageNumber gibt an, welchen Teil der aufgeteilten Liste man sehen möchte.

Über die Booleschen Parameter wie assetApproved oder assetHasComments können drei Zustände abgefragt werden. Fehlt z. B. der Parameter assetApproved, werden sowohl alle *Assets* gelistet, die freigezeichnet wurden, als auch die, die nicht freigezeichnet wurden. Nur bei Vorhandensein von assetApproved mit den Werten *true* oder *false* wird nach ausschließlich freigezeichneten bzw. nicht freigezeichneten *Assets* gefiltert.

Die schreibend auf das Extranet-System zugreifenden Methoden (setComment, setContact, changeContact, deleteContact, assignContactToJob, unAssignContactFromJob, setAssetApproval, changeLogin) liefern den Erfolg der Anfrage über die Boolesche Variable success zurück.

Methode	Eingabeparameter (optionale in *kursiv*)	Rückgabe-wert	Beschreibung
getJob	loginName, loginPassword, jobId:int oder jobNumber	Job	Lesen eines Jobs
getJobList	loginName, loginPassword, *jobName*, *jobNumber*, *jobCategoryName*, *mainCategoryName*, *contactId*, *orderBy*, *sortOrder*, *numberOfResults*, *pageNumber*	JobList	Lesen mehrerer Jobs nach Suchkriterien
		Weiter auf der nächsten Seite	

Methode	Eingabeparameter (optionale in kursiv)	Rückgabe-wert	Beschreibung
getAsset	loginName, loginPassword, assetId:int	Asset	Lesen eines Assets
getAssetList	loginName, loginPassword, *jobId:int*, *assetName*, *assetPostedDateTime*, *assetUpdatedDateTime*, *assetApproved:bool*, *assetApprovedBy*, *assetApprovedDateTime*, *assetHasComments:bool*, *orderBy*, *sortOrder*, *numberOfResults*, *pageNumber*	AssetList	Lesen mehrerer Assets nach Suchkriterien
getComment	loginName, loginPassword, commentId:int	Comment	Lesen eines Kommentars
setComment	loginName, loginPassword, assetId:int, commentAuthor, *contactPosition*, commentText	success:bool	Hinzufügen eines Kommentars zu einem bestimmten Asset
getComment-List	loginName, loginPassword, *assetId*, *commentAuthor*, *commentDateTime*, *orderBy*, *sortOrder*, *numberOfResults*, *pageNumber*	CommentList	Lesen mehrerer Kommentare nach Suchkriterien
getContact	loginName, loginPassword, contactId:int	Contact	Lesen eines Kontakts
setContact	loginName, loginPassword, *jobId:int*, *jobNumber*, contactName, *contactPosition*, contactEmail	success:bool	Hinzufügen eines Kontakts, optional mit Verknüpfung zu einem Job
getContact-List	loginName, loginPassword, *jobId:int*, *jobNumber*, *contactName*, *contactPosition*, *contactEmail*, *contactIsAgency*, *orderBy*, *sortOrder*, *numberOfResults*, *pageNumber*	ContactList	Lesen mehrerer Kontakte nach Suchkriterien
deleteContact	loginName, loginPassword, contactId:int	success:bool	Löschen eines Kontakts inkl. seiner Verknüpfungen zu Jobs
			Weiter auf der nächsten Seite

Methode	Eingabeparameter (optionale in *kursiv*)	Rückgabe-wert	Beschreibung
changeContact	loginName, loginPassword, contactId:int, *contactName, contactPosition, contactEmail*	success:bool	Aktualisieren der Daten eines Kontakts; Job-Verknüpfungen bleiben bestehen
assignContact-ToJob	loginName, loginPassword, jobId:int oder jobNumber, contactId:int	success:bool	Verknüpfen eines Kontakts mit einem Job
unAssign-Contact-FromJob	loginName, loginPassword, jobId:int oder jobNumber, contactId:int	success:bool	Auflösung einer Verknüpfung eines Kontakts mit einem Job
setAsset-Approval	loginName, loginPassword, assetId:int, assetApproved:bool, assetApprovedBy	success:bool	Status der Freizeichnung eines Assets ändern
changeLogin	loginName, loginPassword, *newLoginName, newLoginPassword*	success:bool	Ändern des Login-Namens oder des Login-Passworts

Tabelle 5.1.: Methoden des „Xtranet"-Web-Service

Abbildung 5.5 stellt das komplette Klassendiagramm dar. Zur besseren Übersicht fehlen im Diagramm die Darstellung der Aggregationen von der XtranetWebService-Klasse zu allen Klassen der Daten- und Listenobjekte und von allen Klassen der Daten- und Listenobjekte zur Error-Klasse.

5.3.5. E-Mail-Benachrichtigungen

Die Agentur soll per E-Mail darüber informiert werden, wenn der Kunde einen neuen Kommentar zu einem *Asset* geschrieben und ein *Asset* freizeichnet hat. Voraussetzung dafür ist, dass dem *Asset* zugehörigen *Job* ein Kontakt auf Agenturseite zugewiesen wurde. Dazu verwenden die Methoden setComment und setAssetApproval der XtranetWebService Klasse die *private* Methode notifyAgency. Diese erwartet die ID des betreffenden *Assets* als Parameter, und schickt an alle dem *Job* zugewiesenen Kontaktpersonen eine entsprechende E-Mail.

5.3.6. Web-Service-Client

Ausgehend von den in Kapitel 4.1.1 beschriebenen Musskriterien, wird mindestens ein SOAP-Client entworfen und realisiert, der auf alle Methoden des „Xtranet"-Web-Service zugreifen kann. Dieser Client ist eine browserbasierte Anwendung, die wie der SOAP-Server mit der SOAP-Implementierung von PHP5 umgesetzt wird.

Alle Methoden der Web-Service-API sind auf einer Webseite in einem Formular zur Auswahl aufgelistet. Für jede Methode werden entsprechende Textfelder und Auswahlboxen für die benötigten Parameter angeboten. Ebenso gibt es Textfelder für die Angabe des Login-Namens und -Passworts. Für Methoden, die Listen zurückliefern, müssen Textfelder für die Anzahl der Listenobjekte und für die Seitennummer existieren. Eine Schaltfläche für das Absenden einer Anfrage an den Web-Service befindet sich am Ende des Formulars. Die Rückgabewerte der Antwort des Web-Service erscheinen nach Absenden der Anfrage auf der selben Seite unter dem Formular. Darunter erfolgt dann noch die Ausgabe der XML-Darstellung der *SOAP-Requests* und *-Responses*.

Die in den Wunschkriterien in Kapitel 4.1.2 benannten zusätzlichen SOAP-Clients zur Überprüfung der Interoperabilität werden in einfacher Form mit Java-Axis und Flash-Actionscript umgesetzt. Es werden keine grafischen Benutzeroberflächen zu diesen Clients geschaffen. Alle Methodenparameter werden im Java-Code bzw. Actionscript-Code festgelegt. Die Ausgabe der Rückgabewerte erfolgt auf der jeweiligen System-Konsole.

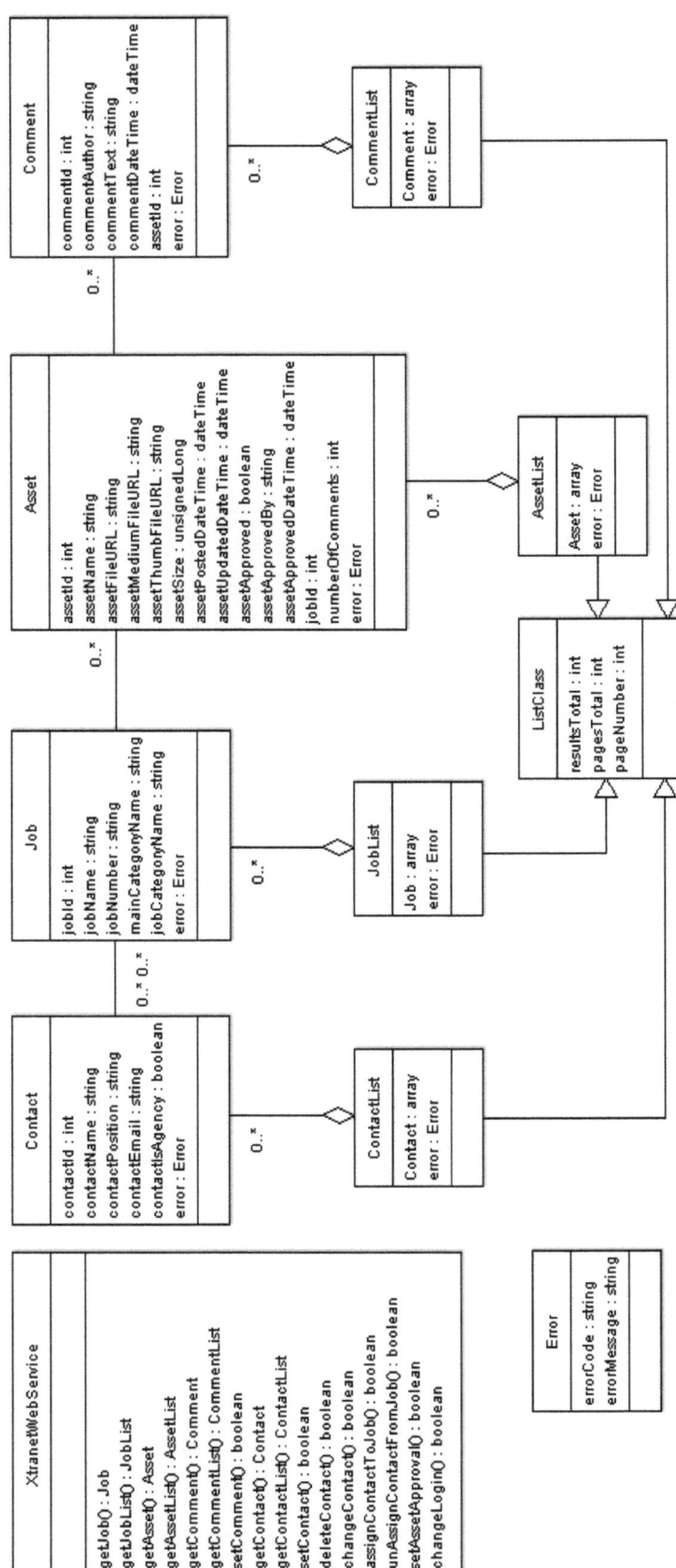

Abbildung 5.5.: Klassendiagramm des „Xtranet"-Web-Service (Aggregationen von XtranetWebService und zu Error werden zur besseren Übersicht nicht dargestellt)

6. Realisierung des Xtranet-Web-Service

Bei der Realisierung des Web-Service wird ein *Top-Down*-Ansatz verfolgt. Das bedeutet, dass zunächst die WSDL-Beschreibung der SOAP-Kommunikation – insbesondere die Beschreibung der Objekte in Form von komplexen Datentypen – entwickelt wird. Dann werden darauf aufbauend die Klassen in PHP geschrieben.

Die Erstellung der WSDL-Datei „von Hand" ist zwar aufwändiger als ein automatisches Erzeugen anhand einer bereits bestehenden Klassenstruktur (*Bottom-Up*). Jedoch bietet erstens die PHP5-SOAP-Erweiterung keine automatische WSDL-Generierung an, und zweitens erhält man eine größere Kontrolle und Einfluss auf die Strukturierung der Objekte in XML [1].

6.1. WSDL-Beschreibung der SOAP-Nachrichten

Das vollständige WSDL-Dokument des „Xtranet"-Web-Service befindet sich in Anhang C. Da, wie in Kapitel 2.6.2 zum Nachrichten- und zum Kodierungsstil beschrieben, der *document/literal wrapped*-Stil am vorteilhaftesten ist, soll die SOAP-Kommunikation und dessen WSDL-Beschreibung danach modelliert werden.

Wie in Kapitel 2.6.1 erwähnt, ist eine WSDL-Beschreibung ein XML-Dokument. Zunächst werden eine Reihe von *Namespaces* wie in Listing 6.1 definiert. Neben dem allgemeinen *Namespace* für die WSDL-Elemente und die SOAP-spezifischen Elemente, sind besonders die Deklarationen der Namespaces xsd und tns interessant. Der *Namepace* xsd qualifiziert alle XML-Schema-spezifischen Elemente und tns alle Referenzen auf Elemente, die im XML-Schema für die Anwendung definiert werden.

---

[1] Paul Prescod vermerkt in [Pre06b, Kapitel 2.2] zur Thematik der automatischen WSDL-Generierung am Beispiel .NET: „Visual Studio.NET provides tool support so easy that you can turn an existing class into a web service with the click of a button. This not an unalloyed-advantage, however. The first problem it creates is a false sense of confidence. Even senior Microsoft employees have admitted that the service you get for free from Visual Studio.NET is probably not of sufficient quality that you would want to deploy it in an enterprise situation. The problem is that the environment helps you to generate services where the XML is more or less invisible to the programmer. Unfortunately the XML is the part of the system which is responsible for extensibility and managing change."

```
xmlns="http://schemas.xmlsoap.org/wsdl/"
xmlns:soap="http://schemas.xmlsoap.org/wsdl/soap/"
xmlns:xsd="http://www.w3.org/2001/XMLSchema"
xmlns:tns="http://thederan.com/xtranet/ws/"
```

Listing 6.1: "Xtranet"-WSDL: Namespaces

Unter dem Wurzelelement `definitions` setzt sich das WSDL-Dokument aus den fünf Teilen `types`, `message`, `portType`, `binding` und `service` zusammen.

Die Entwicklung kann rückwärts angegangen werden. Im `service`-Teil wird der URI zum eigentlichen SOAP-Web-Service angegeben, dem sogenannten SOAP-Endpunkt, der SOAP-Nachrichten entgegennimmt und mit SOAP-Nachrichten antwortet. Listing 6.2 zeigt das `service`-Element, in dem unter `soap:address` das PHP-Skript angegeben wird, welches den SOAP-Endpunkt darstellt. Das `binding`-Attribut unter `port` bezieht sich auf das `binding`-Element, mit dem dieser Service verbunden werden soll.

```
<service name="XtranetService">
  <documentation>service description</documentation>
  <port name="XtranetPort" binding="tns:XtranetSoapBinding">
    <soap:address
       location="http://thederan.com/xtranet/ws/webservice.php5"/>
  </port>
</service>
```

Listing 6.2: "Xtranet"-WSDL: `service`-Element

Listing 6.3 zeigt diesen `binding`-Teil des Dokuments. Dessen `soap:binding`-Element gibt an, dass SOAP als Nachrichtenformat verwendet wird, welches HTTP als Transportprotokoll verwendet, wie im `transport`-Attribut zu sehen ist. Dass Nachrichten- und Kodierungsstil nach dem *document/literal wrapped*-Schema definiert werden sollen, wird u. a. hier festgelegt. Der Nachrichtenstil wird im `style` Attribut auf `document` gesetzt. Für jede Methode folgt nun ein `operation`-Element. Listing 6.3 zeigt am Beispiel der Methode `getJob` nur eine `operation`. Das Attribut `soapAction` gibt der Operation einen eindeutigen URI. Für die Eingabeparameter und die Rückgabewerte der Methode werden jeweils in `input` und `output` festgelegt, wie die Nachrichten im *SOAP-Body* kodiert werden sollen. Der Kodierungsstil wird daher hier auf `literal` gesetzt, was bedeutet, dass jeder Parameter nicht in der SOAP-Nachricht kodiert wird, sondern die Kodierung im `types`-Bereich der WSDL-Beschreibung durch XML-Schema erfolgt. Im `type`-Attribut von `binding` wird mit `XtranetPortType` auf den `portType`-Teil des WSDL-Dokuments referenziert.

```
<binding name="XtranetSoapBinding" type="tns:XtranetPortType">
  <soap:binding
    style="document"
    transport="http://schemas.xmlsoap.org/soap/http"/>

  <operation name="getJob">
    <soap:operation
        soapAction="http://thederan.com/xtranet/ws/getJob"/>
    <input>
      <soap:body use="literal"/>
    </input>
    <output>
      <soap:body use="literal"/>
    </output>
  </operation>

  ...
</binding>
```

Listing 6.3: "Xtranet"-WSDL: binding-Element

portType enthält wie binding alle Methoden, die der Web-Service zur Verfügung stellt, als operation-Elemente. In Listing 6.4 wird wieder getJob als Beispiel gezeigt. Für einen RPC geben die input- und output-Elemente an, welche Nachrichten als Eingabeparameter und Rückgabewerte in der operation verwendet werden. Diese beziehen sich auf message-Elemente, wie sie Listing 6.5 beispielhaft zeigt.

```
<portType name="XtranetPortType">

  <operation name="getJob">
    <input message="tns:getJobRequestMsg"/>
    <output message="tns:getJobResponseMsg"/>
  </operation>

  ...
</portType>
```

Listing 6.4: "Xtranet"-WSDL: portType-Element

Ein message-Element kann ein oder mehrere part-Elemente enthalten. Der Name von part ist irrelevant, da auf ihn nicht mehr referenziert wird. Interessant ist das folgende Attribut element, welches sich auf ein Element bezieht, das im types-Teil des WSDL-Dokuments einen Datentyp in Form von XML-Schema spezifiziert. Anstatt des element-Attributs kann auch ein type-Attribut auf einfache oder komplexe XML-Schema-Typen oder *SOAP Encoding* Typen verweisen, z.B. type="xsd:int".

Ein entscheidender Teil bei der Verwendung von *document/literal wrapped* ist, dass hier nicht mehrere sondern nur ein `part`-Element verwendet wird. Dieses bezieht sich auf ein Element, das den gleichen Namen wie die Operation erhält. Somit erscheint der Methodenname wieder in der SOAP-Nachricht.

```
<message name="getJobRequestMsg">
  <part name="jobIdentifier" element="tns:getJob"/>
</message>

<message name="getJobResponseMsg">
  <part name="return" element="tns:getJobResponse"/>
</message>
```

Listing 6.5: "Xtranet"-WSDL: `message`-Element

Unter `types` werden bei *document/literal wrapped* also nicht einfach nur die Datentypen mit Hilfe von XML-Schema definiert, die die Methoden entgegennehmen oder zurückgeben sollen. Auch die Methodennamen erscheinen in der Datentypdefinition und umschließen die Definitionen der Parameter (*wrapped*). Listing 6.6 zeigt einen Ausschnitt aus der Datentypdefinition der WSDL-Beschreibung. Beim `rpc/encoded`-Stil kann der `types`-Teil weggelassen werden, wenn keine komplexen Datentypen benötigt werden.

Die Definitionen der komplexen Datentypen erfolgen nach dem XML-Schema-Standard [W3C04a]. Der `targetNamespace` der XML-Schema-Definition gibt an, in welchem Namensraum sich die Elemente der SOAP-Nachricht befinden. Das Attribut `elementFormDefault` sagt mit dem Wert `qualified` aus, dass sich die Elemente in diesem Namensraum befinden *müssen*.

Für jede Methode wird ein Element in XML-Schema definiert, hier wieder am Beispiel von `getJob` zu sehen. Die SOAP-Antwort auf eine RPC-Anfrage enthält ein Element, das den Namen der Methode mit dem angehängtem Wort „Response" erhält. Das Beispiel zeigt `getJobResponse`. Die Eingabeparameter und Rückgabewerte der Methode werden als Elemente mit einfachen Datentypen, wie sie der XML-Schema-Standard anbietet oder Referenzen auf selbst spezifizierte komplexe Datentypen definiert. So enthält z. B. `getJobResponse` eine Referenz auf das zurückzuliefernde Datenobjekt `Job`. Listing 6.6 zeigt auch dieses Element `Job`, das das Objekt als komplexen Datentyp modelliert.

In jeder SOAP-RPC-Anfrage müssen der Login-Name und das Login-Passwort als Elemente stehen. Parameter, die die RPC-Methode optional erwartet, erhalten als XML-Element das Attribut `minOccurs` mit dem Wert „0"[2]. Bei `getJob` erhalten die beiden möglichen IDs `jobId` und `jobNumber` ebenfalls `minOccurs="0"`, weil beim Aufruf nur eine von beiden IDs vorhanden sein muss, und die andere ID dann fehlen darf.

---

[2]Der Standardwert von `minOccurs` und `maxOccurs` in XML-Schema ist 1.

```
<types>
  <xsd:schema
    targetNamespace="http://thederan.com/xtranet/ws/"
    elementFormDefault="qualified">

    <xsd:element name="getJob">
      <xsd:complexType>
        <xsd:sequence>
          <xsd:element name="loginName" type="xsd:string"/>
          <xsd:element name="loginPassword" type="xsd:string"/>
          <xsd:element name="jobId" type="xsd:int" minOccurs="0"/>
          <xsd:element name="jobNumber" type="xsd:string"
                                                minOccurs="0"/>
        </xsd:sequence>
      </xsd:complexType>
    </xsd:element>

    <xsd:element name="Job">
      <xsd:complexType>
        <xsd:sequence>
          <xsd:element name="jobId" type="xsd:int" minOccurs="0"/>
          <xsd:element name="jobName" type="xsd:string"
                                                minOccurs="0"/>
          <xsd:element name="jobNumber" type="xsd:string"
                                                minOccurs="0"/>
          <xsd:element name="mainCategoryName"
            type="xsd:string" minOccurs="0"/>
          <xsd:element name="jobCategoryName"
            type="xsd:string" minOccurs="0"/>
          <xsd:element ref="tns:Error" minOccurs="0"/>
        </xsd:sequence>
      </xsd:complexType>
    </xsd:element>

    <xsd:element name="getJobResponse">
      <xsd:complexType>
        <xsd:sequence>
          <xsd:element ref="tns:Job"/>
        </xsd:sequence>
      </xsd:complexType>
    </xsd:element>

    ...

  </xsd:schema>
<types>
```

Listing 6.6: "Xtranet-WSDL": types-Element

Anhand des in Kapitel 5 entworfenen Klassendiagramms werden in dieser eben beschriebenen Form alle Objekte und Methoden des Web-Service in WSDL modelliert.

6.2. Realisierung des SOAP-Servers

Die Modellierung des Klassendiagramms wurde mit dem UML-Werkzeug ArgoUML v0.20 vorgenommen. Mit ArgoUML ist es möglich, PHP5-Code-Gerüste aller Klassen zu erzeugen. Für jede Klasse wird eine Datei nach dem Muster *class.Klassenname.php5* angelegt, die den Klassenkopf und die Objekt-Attribute enthält.

Der Datenbankzugriff erfolgt über die neue Abstraktionsschicht PDO (PHP Data Objects) [PHP06a], die seit PHP 5.1 enthalten und standardmäßig aktiviert ist. PDO bietet eine Schnittstelle für den Zugriff auf Datenbanken mit PHP. Diese Schnittstelle ermöglicht, den PHP-Code unabhängig von einer bestimmten Datenbank zu erstellen. Wenn Standard-SQL ohne datenbankspezifische Anweisungen verwendet wird, wäre ein einfaches Austauschen der Datenbank möglich. PDO ist nur eine Abstraktionsschicht für den Datenzugriff. Es abstrahiert nicht die gesamte Datenbank, wie ein objektrelationaler *Mapper*, der SQL-Anweisungen selbst formuliert. Für jede Datenbank, die PDO unterstützt, muss ein datenbankspezifischer PDO-Treiber installiert sein. Bisher war es üblich, in PHP entwickelte Abstraktionsschichten – z. B. PEAR::DB – zu verwenden. PDO ist dagegen eine in C geschriebene PHP-Erweiterung, was eine performantere Ausführung ermöglicht.

Unabhängig von der verwendeten Datenbank muss nur eine Instanz der PDO-Klasse erzeugt werden, dessen Konstruktor die Angaben zur Datenbank erwartet, wie Listing 6.7 zeigt.

```
$this->dbHandle = new PDO('mysql:host=localhost;dbname=xtranet',
                          'username', 'password');
```

Listing 6.7: Instanziierung der Datenbankklasse PDO

6.2.1. Realisierung der Xtranet-Web-Service-Klasse

Die Klasse `XtranetWebService` enthält alle Methoden, die der Web-Service zur Verfügung stellt. Diese Methoden müssen `public` deklariert sein. Im Konstruktor wird, wie in Listing 6.7 gezeigt, eine Instanz zur Datenbank erstellt.

Listing 6.8 zeigt die *private* Methode `checkUser`, die alle Methoden zur Authentifizierung einer Kombination aus Login-Name / Login-Passwort verwenden. Bei korrekten Daten wird die *Account*-ID des Kunden zurückgegeben, ansonsten *false*.

Das Code-Beispiel zeigt, wie mit PDO *SQL-Injection*-Angriffe unterbunden werden können. Die Parameter `$login` und `$password` werden nicht direkt in die SQL-Anweisung `$query` geschrieben. Die Anweisung wird zunächst mit `$this->dbHandle->` `prepare($query)` vorbereitet. Die Parameter werden erst mit `$statementHandle->` `bindValue` in die SQL-Anweisung eingebracht, wobei automatisch für ein sogenanntes *Quoting* gesorgt wird, also Anführungszeichen mit *Escape*-Zeichen versehen werden.

Wird bei der Datenbankverbindung eine *Exception* von PDO geworfen, wird statt der normalen SOAP-Nachricht ein *SOAP-Fault* mit einer vorher definierten Meldung an den Client zurückgeschickt. Dazu wird die *Exception* SoapFault geworfen, die von der PHP5-SOAP-Erweiterung zur Verfügung gestellt wird. Wird sie geworfen, werden keine anderen SOAP-Nachrichten außer des *SOAP-Fault* an den Client geschickt.

Sämtliche Datenbankanfragen werden nach diesem Muster mit PDO abgesetzt.

```php
private function checkUser($login, $pw) {
    $query = "SELECT account_id
              FROM account
              WHERE account_login = _utf8:login
              AND account_pw = _utf8:pw";

    try {
        $statementHandle = $this->dbHandle->prepare($query);
        $statementHandle->bindValue(':login', trim($login) ,
                                            PDO::PARAM_STR);
        $statementHandle->bindValue(':pw', trim($pw) , PDO::PARAM_STR);
        $statementHandle->execute();
        $dbRow = $statementHandle->fetch(PDO::FETCH_ASSOC);
    }
    catch (PDOException $e) {
        throw new SoapFault("Server", SOAP_FAULT_DB );
    }

    if ($dbRow["account_id"] == 0 || $dbRow["account_id"] == null ) {
        return false;
    }
    else {
        return $dbRow["account_id"];
    }
}
```

Listing 6.8: `XtranetWebService`-Klasse : Methode `checkUser`

Am Beispiel der Methode `getJob` wird in Listing 6.9 gezeigt, wie der Web-Service eine Anfrage entgegennimmt und die Rückgabewerte generiert werden. Alle Methoden des Web-Service, die angefragte Objekte oder Objektlisten zurückliefern sollen, werden nach diesem Muster entwickelt. Methoden wie `setContact`, die Daten in der Datenbank

verändern, setzen die entsprechenden INSERT- und UPDATE-SQL-Anweisungen direkt
über PDO in die Datenbank ab.

Sämtliche in einer SOAP-RPC-Anfrage enthaltenen Eingabeparameter werden von der
PHP5-SOAP-Erweiterung von XML in ein Objekt (hier in der Variablen $parameter)
deserialisiert. Die Parameter lassen sich damit komfortabel nach dem Muster
$parameter->*ParameterName* auswerten. Jede Methode des Web-Service erwartet
den Login-Namen und das Login-Passwort als Parameter, die der oben beschriebenen
Methode checkUser zur Überprüfung übergeben werden. Bei korrekter Authentifizierung wird das gewünschte Objekt instanziiert und zurückgegeben. Bei fehlerhaften
Login-Namen oder -Passwort wird stattdessen ein Error-Objekt zurückgeliefert.

```php
public function getJob($parameter) {
    $accountId = $this->checkUser($parameter->loginName,
                                  $parameter->loginPassword);
    if ($accountId) {
        $job = new Job($parameter, $accountId, $this->dbHandle);
        $getJobResponse["Job"] = $job;
    }
    else {
        $error = new Error(3);
        $getJobResponse["Job"]["Error"] = $error;
    }
    return $getJobResponse;
}
```

Listing 6.9: XtranetWebService-Klasse : Methode getJob

Die Web-Service-Methoden setComment und setAssetApproval sollen die Agentur
per E-Mail darüber informieren, wenn ein Kommentar geschrieben bzw. ein *Asset* freigezeichnet wurde. Dazu wird die private Methode notifyAgency entwickelt. Diese
Methode überprüft in der Datenbank, ob es auf Agenturseite Kontakte zum betreffenden Asset gibt, welches kommentiert bzw. freigezeichnet wurde. Die in PHP integrierte
Methode mail wird dann verwendet, um diesen Kontakten entsprechende E-Mails zu
schicken.

6.2.2. Realisierung der Error-Klasse

Bei anwendungsspezifischen Fehlern wird ein Error-Objekt instanziiert, welches einen
Fehlercode und eine Fehlermeldung enthält. Die Klasse Error definiert String-Konstanten,
die entsprechende Fehlermeldungen wie „*Your request returned no results*", „*Please pro-
vide a valid login name and password*" oder „*You don't have access to this job*" enthalten.
Dem Konstruktor der Klasse wird der gewünschte Fehlercode übergeben, zu dem die
Fehlermeldung gesetzt werden soll. Zwei optionale Parameter können Strings enthalten,

die in Fehlermeldungen mit entsprechenden Platzhaltern wie „*The page number %s you requested is to high. You have a max of %s pages*" eingesetzt werden.

6.2.3. Realisierung der Daten- und Listenklassen

Damit die PHP5-SOAP-Erweiterung die Objekte und deren Attribute in XML seriali-siert, müssen diese Klassen und deren Attribute *public* deklariert werden. PHP5-SOAP erwartet also keine *getter/setter* Methoden für die zu serialisierenden Attribute. Die Klassen enthalten keine Methoden, da in SOAP keine Objekte mit Programmierlogik sondern nur mit Attributen übertragen werden. Die Klassen besitzen nur einen Konstruktor, in dem die Attribute des Objekts anhand der übergebenen Parameter mit Werten gefüllt werden. Der Konstruktor erwartet drei Eingabeparameter: ein Objekt, welches als Attribute die Parameter der SOAP-Anfrage enthält, die *Account*-ID des anfragenden Kunden sowie eine Instanz der PDO-Datenbank Klasse. Je nachdem, welche Eingabeparameter in der SOAP-Anfrage übergeben wurden, wird eine SQL-Anweisung generiert, die die gewünschten Daten aus der Datenbank lädt und in die Attribute des Objekts schreibt. Bei Anwendungsfehlern – wie ergebnislosen Datenbankanfragen – wird ein entsprechendes `Error`-Objekt instanziiert. Bei Datenbankfehlern oder fehlenden Parametern wird eine `SoapFault` *Exception* geworfen, dem Client also eine *SOAP-Fault*-Nachricht zurückgegeben.

Die Klassen der Listen (`JobList`, `AssetList`, `CommentList`, `ContactList`) erben die Attribute `resultsTotal`, `pagesTotal` und `pageNumber` der Klasse `ListClass`. `ListClass` enthält zudem die zwei *protected* Methoden `prepareResultNumber` und `prepareDateTimeforSQL`. Wenn die Anzeige einer Liste vom Client auf eine bestimmte Anzahl von Resultaten eingeschränkt wird, ermittelt die Methode `prepareResultNumber` von welchem Datensatz und bis zu welchem Datensatz die SQL-Anweisung Daten aus der Datenbank anfragen soll. Zudem ermittelt sie auch, über wieviele Seiten sich eine so aufgeteilte Ergebnismenge verteilt. Die Methode erwartet dafür drei Parameter: die Anzahl aller möglichen Datenbank-Resultate, die zuvor mit einer „`SELECT COUNT()`"-Anfrage ermittelt werden müssen, die Anzahl der gewünschten Resultate sowie die gewünschte Seitenzahl der Resultatmenge.

Die Listenobjekte (z. B. `JobList`) erzeugen die Instanzen der zurückzugebenden Datenobjekte (z. B. `Job`) ohne Parameter an deren Konstruktor zu geben. Das bewirkt, dass die Objekte nicht selbst auf die Datenbank zugreifen, um die Objekt-Attribute mit Werten zu füllen. Den Datenbankzugriff zur Erstellung der Liste macht das Listenobjekt. Es erzeugt dann in einer Schleife jeweils eine Instanz des Datenobjekts und füllt dessen *public* Attribute mit den Werten aus der Datenbank.

Bei der Anfrage der beiden Listenobjekte `AssetList` und `CommentList` sind Datums-/Zeitwerte als Suchkriterien möglich, die für das *dateTime* Format von SQL aufbereitet werden müssen. *DateTime* Werte in SOAP werden nach dem XML-Schema-Datentyp *dateTime* zurückgeliefert, welches dem Format nach ISO 8601 entspricht[3]. Der einzige Unterschied zwischen dem XML-Schema-*dateTime*-Format und dem SQL-*dateTime*-Format ist der Trenner „T" zwischen Datum und Uhrzeit im XML-Schema-Format. Gibt der WS-Client bei einem Parameter wie „*Asset Posted DateTime*" ein komplettes *dateTime* nach ISO 8601 an, wandelt die Methode prepareDateTimeforSQL die Zeichenkette in das SQL-DateTime-Format für die Datenbankabfrage um.

6.2.4. Realisierung des SOAP-Endpunkts

Ein SOAP-Client stellt seine Anfragen an einen sogenannten SOAP-Endpunkt, der den eigentlichen SOAP-Server darstellt. Mit der PHP5-SOAP-Erweiterung wird dieser SOAP-Endpunkt im Skript *webservice.php5*, wie in Listing 6.10 gezeigt, realisiert. Mit $server = new SoapServer wird eine Instanz des SOAP-Servers instanziiert, den PHP5-SOAP zur Verfügung stellt. Sein Konstruktor erwartet den Pfad zur WSDL-Datei. Dem SOAP-Server wird mit setClass die Klasse übergeben, die die Methoden enthält, die der Web-Service bereitstellen soll. Der SOAP-Server wird schließlich mit der Methode handle dazu veranlasst, SOAP-Anfragen, die dem Skript mittels HTTP-POST übermittelt werden, auszuwerten und eine entsprechende SOAP-Antwort an den Client per HTTP zurückzugeben. Wird das Skript mit „webservice.php5?wsdl" aufgerufen, liefert es das WSDL-Dokument des Web-Service.

```
require_once 'class.XtranetWebService.php5';

$server = new SoapServer("XtranetWebService.wsdl");

$server->setClass("XtranetWebService");

$server->handle();
```

Listing 6.10: Skript webservice.php5 - PHP5-SOAP-Server-Instanziierung

6.3. Realisierung der SOAP-Clients

6.3.1. Realisierung des PHP5-SOAP-Clients

Als Web-Service-Client, der alle Methoden des „Xtranet"-Web-Service testet, wird eine Anwendung entwickelt, die über ein Browser-Interface bedient wird. Abbildung 6.1 zeigt das Browser-Interface.

---

[3]ISO 8601 Datum und Uhrzeit ohne Zeitzonenangabe: Jahr-Monat-Tag dezimal, mit Bindestrich getrennt, Stunde:Minute:Sekunde dezimal, mit Doppelpunkt getrennt, „T" als Trenner zwischen Datum und Uhrzeit, z. B. 2006-05-31T21:30:48

Login Name: test1   Number of results: [ ]
Login Password: test   For list me hods: Page Number: [ ]

getJob: ○   Job ID: [ ]   or Job Number: [ ]

getJobList: ⊙
- Job Name: [ ]   Job Number: [ ]
- Main Category Name: [ ]   Job Category Name: [ ]
- Contact ID: [ ]
- order by: [jobName ▼]   sort order: [ASC ▼]

getAsset: ○   Asset ID: [ ]

getAssetList: ○
- Job ID: [ ]   Asset Name: [ ]
- Asset Posted DateTime*: [ ]   Asset Updated DateTime*: [ ]
- Asset is approved: ○
- Asset is not approved: ○
- Asset is either approved or not: ⊙
- Asset approved by: [ ]   Asset Approved DateTime*: [ ]
- Asset has Comments: ○
- Asset has no Comments: ○
- Asset either has or has no comments: ⊙
- order by: [assetId ▼]   sort order: [ASC ▼]

getComment: ○   Comment ID: [ ]

getCommentList: ○
- Asset ID: [ ]
- Comment Author: [ ]   Comment DateTime*: [ ]
- order by: [commentId ▼]   sort order: [ASC ▼]

setComment: ○
- Asset ID: [ ]
- Comment Author: [ ]
- Comment Text: [ ]

getContact: ○   Contact ID: [ ]

getContactList: ○
- Job ID: [ ]
- Contact Name: [ ]   Contact Position: [ ]
- Contact Email: [ ]
- Contact is Agency ○
- Contact is Client ○
- Contact is either Agency or Client: ⊙
- order by: [contactId ▼]   sort order: [ASC ▼]

setContact: ○
- Contact Name: [ ]   Contact Position: [ ]
- Contact Email: [ ]
- Optionally assign new contact to Job ID: [ ]

deleteContact: ○   Contact ID: [ ]

changeContact: ○
- Contact ID: [ ]
- Contact Name: [ ]   Contact Position: [ ]
- Contact Email: [ ]

assignContactToJob: ○   Contact ID: [ ]   to Job ID: [ ]

unAssignContactFromJob: ○   Contact ID: [ ]   from Job ID: [ ]

setAssetApproval: ○
- Asset ID: [ ]
- Set Approval: ○   Remove Approval: ○
- Approved By [ ]

changeLogin: ○
- New Login Name: [ ]
- New Login Password: [ ]

*DateTime entries format is ISO 8601 e.g. 2005-09-24T14:47:27 or shorter e.g. 2005-09-24

[Send Method]

Abbildung 6.1 : „Xtranet"-Web-Service-Client-GUI: Eingabeformular

Die Datei *client.php5* enthält den HTML-Code des Formulars, mit dem die aufzurufende Web-Service-Methode ausgewählt und die entsprechenden Eingabeparameter der jeweiligen Methode gesetzt werden können. Nach dem Abschicken der Daten des Formulars wird die Klasse `XtranetWebServiceClient` instanziiert, die die Formular-Daten entgegennimmt. Deren Konstruktor erzeugt zunächst ein Proxy-Objekt des Web-Service wie in Listing 6.11 dargestellt. PHP5-SOAP stellt die Klasse `SoapClient` zur Verfügung. Deren Instanz ist ein Proxy-Objekt, mit dem alle Web-Service-Methoden nach dem Schema `$this->client->MethodenName` aufgerufen werden können. Bei der Instanziierung des Proxy-Objekts wird angegeben, wo die WSDL-Beschreibung des Web-Service zu finden ist. Dann folgen noch eine Reihe optionaler Parameter: Es wird die SOAP-Version gesetzt, durch `trace` wird die spätere Ausgabe des reinen SOAP-XML-Codes ermöglicht und `exceptions` sorgt dafür, dass zur Fehlerbehandlung *Exceptions* geworfen werden.

```
$this->client = new SoapClient(
            'http://thederan.com/xtranet/ws/webservice.php5?wsdl',
            array('soap_version' => SOAP_1_2, 'trace' => true,
            'exceptions' => true)
            );
```

Listing 6.11: SOAP-Client - Proxy-Objekt Erzeugung

Der Konstruktor von `XtranetWebServiceClient` wertet aus, welche Web-Service-Methode im Formular gewählt wurde und ruft die entsprechende Methode des Proxy-Objekts auf. Listing 6.12 zeigt das Beispiel `getJob`. Die Eingabeparameter für die Web-Service-Methode, die über das Formular per HTTP-POST abgeschickt wurden, werden zunächst in ein assoziatives Array (im Beispiel `$jobParameter`) gesetzt. Die Web-Service-Methode `getJob` wird nun über das Proxy-Objekt `$this->client` mit dem Parameter-Array aufgerufen.

Das Proxy-Objekt serialisiert den Methodenaufruf und die Eingabeparameter in SOAP-XML und stellt diese Anfrage an den SOAP-Server. Die SOAP-XML-Antwort des Servers wird vom Proxy-Objekt entgegengenommen und in das PHP-Objekt `$result` deserialisiert. Dieses Objekt enthält als Attribute alle Ergebnisse der SOAP-Antwort. So kann z. B. auf den Namen eines zurückgelieferten *Job*-Objekts mit `$result->Job->jobName` zugegriffen werden.

Leider richtet sich die PHP5-SOAP-Implementierung bei der Deserialisierung der Objekte nicht vornehmlich nach der Definition der Objekte aus der WSDL-Beschreibung, sondern interpretiert die Datenstrukturen je nachdem, wie sie in der SOAP-Antwort geliefert werden. So ist bspw. in der XML-Schema-Definition des `JobList`-Objekts beschrieben, dass darin ein `Job`-Objekt unbegrenzt oft vorkommen kann – `maxOccurs="unbounded"`. Als deserialisierte Datenstruktur in PHP ergäbe sich daraus ein Array von *Job*-Objekten. Ein solches Array liefert das Proxy-Objekt aber nur, wenn sich auch mehr als ein Job-

Objekt in der SOAP-Antwort befinden. Handelt es sich um genau *ein* Job-Objekt, erzeugt der Proxy kein Array sondern ein einfaches Objekt. PHP ist an dieser Stelle also nicht sehr typenfest. Daher muss die Datenstruktur mit der PHP-Methode is_array darauf überprüft werden, ob es es sich um ein Array von Job-Objekten oder um ein einzelnes Job-Objekt handelt.

Enthält die Antwort des SOAP-Servers statt der Objekte, wie sie das WSDL-Dokument beschreibt, einen *SOAP-Fault*, so wird in PHP eine SoapFault *Exception* geworfen, dessen Attribute die Fehlermeldungen des *SOAP-Fault* enthalten. Im Code-Beispiel wird mit var_dump($soapFault) der gesamte Inhalt des *Exception*-Objekts ausgegeben.

```php
$jobParameter = array(
                'loginName' => $_POST["loginname"],
                'loginPassword' => $_POST["loginpassword"],
                'jobId' => $_POST["getJob_jobId"],
                'jobNumber' => $_POST["getJob_jobNumber"]
                );

try {
    $result = $this->client->getJob($jobParameter);
}
catch (SoapFault $soapFault) {
    echo '<pre>';
    var_dump($soapFault);
    echo '</pre>';
}
```

Listing 6.12: SOAP-Client - Methoden-Aufruf

Für jede Web-Service-Methode wird eine entsprechende HTML-Ausgabe geschaffen, die die vom SOAP-Server zurückgelieferten und vom SOAP-Client deserialisierten Objekte und deren Attribute in einer Tabelle anzeigt, wie in Listing 6.13 am Beispiel vom Job zu sehen ist. Diese Ausgabe erfolgt unterhalb des HTML-Formulars. Abbildung 6.2 zeigt ein Beispiel des Ergebnis einer getAssetList-Anfrage.

```php
if ($result->Job) {
    if ($result->Job->Error) {
        $error = $result->Job->Error;
        $this->echoError($error);
    }
    else { // no errors
        $job = $result->Job;
                ?>
        <table border="1" cellspacing="0" cellpadding="3">
        <tr>
```

```
            <td class="parameterName" colspan="5">
                    result of getJob request</td>
        </tr>
        <tr>
            <td class="parameterName">Job ID</td><
            <td class="parameterName">Job Name</td>
            <td class="parameterName">Job Number</td>
            <td class="parameterName">Main Category Name</td>
            <td class="parameterName">Job Category Name</td>
        </tr>
        <tr>
            <td><?php echo $job->jobId; ?></td>
            <td><?php echo $job->jobName; ?></td>
            <td><?php echo $job->jobNumber; ?></td>
            <td><?php echo $job->mainCategoryName; ?></td>
            <td><?php echo $job->jobCategoryName; ?></td>
        </tr>
        </table>
        <?php
    }
}
```

Listing 6.13: SOAP-Client - Ausgabe der Methoden-Rückgabewerte

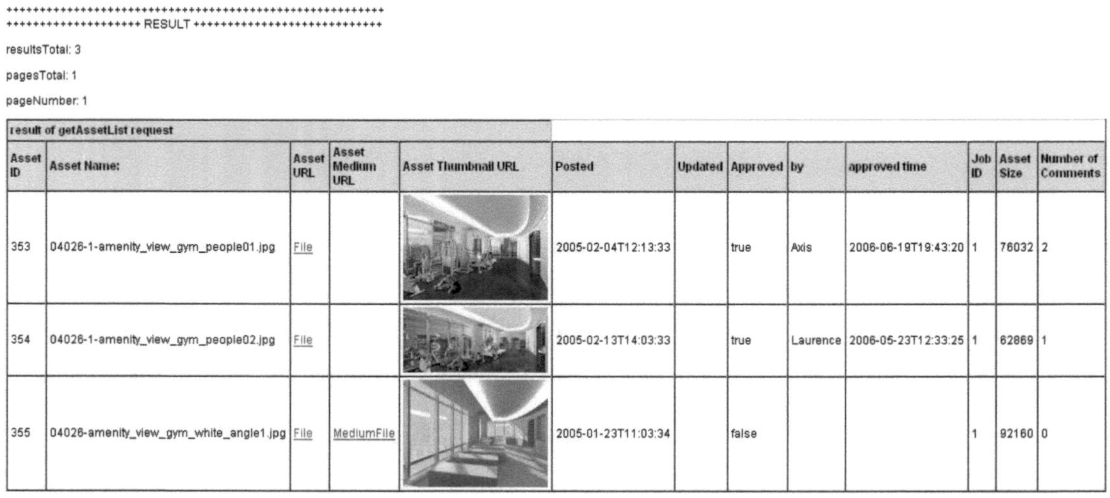

```
+++++++++++++++++++++++++++++++++++++++++++++++++++++++++
+++++++++++++++++++++ RESULT ++++++++++++++++++++++++++++

resultsTotal: 3

pagesTotal: 1

pageNumber: 1
```

Asset ID	Asset Name:	Asset URL	Asset Medium URL	Asset Thumbnail URL	Posted	Updated	Approved	by	approved time	Job ID	Asset Size	Number of Comments
353	04026-1-amenity_view_gym_people01.jpg	File			2005-02-04T12:13:33		true	Axis	2006-06-19T19:43:20	1	76032	2
354	04026-1-amenity_view_gym_people02.jpg	File			2005-02-13T14:03:33		true	Laurence	2006-05-23T12:33:25	1	62869	1
355	04026-amenity_view_gym_white_angle1.jpg	File	MediumFile		2005-01-23T11:03:34		false			1	92160	0

result of getAssetList request

Abbildung 6.2.: „Xtranet"-Web-Service-Client-GUI: Ergebnisausgabe

Das Proxy-Objekt verfügt außerdem über die zwei Methoden _getLastRequest()
und _getLastResponse(), mit der die reine nicht deserialisierte SOAP-XML-Kommunikation
der Anfrage und der Antwort angezeigt werden kann. Diese Anzeige erfolgt zur Kontrolle
ebenfalls auf der Webseite.

6.3.2. Realisierung des Java-Axis-SOAP-Clients

Ein weiterer SOAP-Client, der den „Xtranet"-SOAP-Web-Service konsumiert, wird mit der Java-SOAP-Implementierung Axis 1.3 realisiert. Axis bringt ein Werkzeug (WSDL2Java) zur automatischen Generierung von Code-Gerüsten auf Basis von WSDL-Beschreibungen mit. Mit WSDL2Java können sowohl Code-Gerüste für SOAP-Clients (*stubs*) als auch Code-Gerüste für zu entwickelnde SOAP-Server (*skeletons*) generiert werden. Zur Realisierung des „Xtranet"-SOAP-Clients wird die *stub*-Erzeugung von WSDL2Java verwendet. Dabei werden alle komplexen Typen der Datentypdefinition des WSDL-Dokuments von WSDL2Java zu Java-Klassen transformiert. Außerdem werden noch weitere Klassen bzw. Interfaces wie für das portType-, binding- und service-Element generiert.

Mit diesen Klassen kann nun eine Anwendung entwickelt werden, mit der ein objektorientierter Zugriff auf den Web-Service möglich ist. Der Zugriff auf die Attribute der Objekte erfolgt mittels *getter*-Methoden. Für den „Xtranet"-Axis-Test-Client werden, zusätzlich zu den von WSDL2Java angelegten Klassen, eine Klasse Main mit einer main-Methode zum Starten der Applikation und eine Klasse XtranetAxisClient geschrieben. Listing 6.14 zeigt einen Ausschnitt aus der *main*-Methode. Die von WSDL2Java erzeugte Klasse XtranetServiceLocator ist der Ausgangspunkt bei der Realisierung des Clients, da sie den URI zum SOAP-Endpunkt enthält. Deren Instanz service ermöglicht den Zugriff auf alle im WSDL-portType definierten Methoden des Web-Service.

Im WSDL-Dokument wurde spezifiziert, dass die Methoden, die Listenobjekte zurückliefern – z. B. getJobList – ein Element orderBy enthalten können, mit dem festgelegt wird, wie die Sortierung der Liste zu erfolgen hat. Dieses Element orderBy wird in XML-Schema als ein Element definiert, welches als enumeration mit festgelegten Werten eingeschränkt wird. WSDL2Java erzeugt daraus eine Klasse GetJobListOrderBy, dessen Konstruktor nur einen dieser festgelegten Werte akzeptiert. Dieses Objekt muss im Methodenaufruf als Parameter zur Angabe der Sortierung verwendet werden. Eine ähnliche Klasse wird für den Parameter sortOrder erzeugt. Ganzzahl-Parameter müssen über ein Integer-Objekt realisiert werden, wie bei numberOfResults und pageNumber zu sehen.

```
// Make a service
XtranetService service = new XtranetServiceLocator();

// Now use the service to get a stub
XtranetPortType portType = service.getXtranetPort();

// Xtranet Login Data
String loginName = "test1";
String loginPassword = "test";

XtranetAxisClient xtranetClient = new XtranetAxisClient(portType,
                                    loginName, loginPassword);

SortOrder sortOrder = new SortOrder("DESC");
Integer numberOfResults = new Integer(3);
Integer pageNumber= new Integer(1);

//GETJOBLIST
GetJobListOrderBy orderBy = new GetJobListOrderBy("jobName");
xtranetClient.getJobList(null,null,null,null,null,orderBy,
                    sortOrder,numberOfResults,pageNumber);
...
```

Listing 6.14: Axis-SOAP-Client - Web-Service-Zugriff

In der Klasse XtranetAxisClient existiert für jede Web-Service-Methode eine Methode gleichen Namens, die diese mit den vom Web-Service erforderlichen Login-Namen und Login-Passwort aufruft. Login-Name, Login-Passwort und das portType-Objekt werden zuvor im Konstruktor der Klasse übergeben. Listing 6.15 zeigt beispielhaft die Methode getJobList.

Über das portType Objekt kann direkt die Web-Service-Methode aufgerufen werden – hier getJobList. Die Parameter müssen in der Reihenfolge, wie sie in der WSDL-Beschreibung erscheinen, angegeben werden. Login-Name und Login-Passwort sind Parameter, die die Methode unbedingt erwartet. Optionale Parameter werden einfach auf null gesetzt, wenn sie nicht benötigt werden. Axis serialisiert den Methodenaufruf nun in eine SOAP-XML-Anfrage. Die SOAP-Antwort vom Server wird in ein JobList-Objekt deserialisiert. Das Array mit Job-Objekten kann aus der JobList extrahiert werden. Ist ein Array mit Jobs enthalten, wird darüber iteriert und die jeweiligen *Job*-Daten auf der System-Konsole ausgegeben. Fehlt das Array, wird das Error-Objekt nach dem Grund befragt. Wird anstelle einer regulären SOAP-Antwort ein *SOAP-Fault* vom Server geliefert, wirft Axis eine *Exception*, die die Informationen der *SOAP-Fault*-Nachricht als Attribute enthält.

```java
public void getJobList(String jobName,String jobNumber,
   String mainCategoryName,String jobCategoryName,Integer contactId,
   GetJobListOrderBy orderBy,SortOrder sortOrder,
   Integer numberOfResults, Integer pageNumber) {

   System.out.println(" +++++++++++++ getJobList +++++++++++++");

   try {
      // call WS method
      JobList jobListResponse = portType.getJobList(loginName,
      loginPassword,jobName,jobNumber,mainCategoryName,
      jobCategoryName,contactId,orderBy,sortOrder,numberOfResults,
      pageNumber);

      // retrieve Job Array
      Job[] jobList = jobListResponse.getJob();
      if (jobList != null) {
         // iterate through array and output Job data
         for (int i = 0; i < jobList.length; i++) {
            System.out.println("getJobList:
            Job ID: " + jobList[i].getJobId() +
            " | Job Number: " + jobList[i].getJobNumber() +
            " | Job Name: " + jobList[i].getJobName() +
            " | Main Category: " + jobList[i].getMainCategoryName() +
            " | Job Category: " + jobList[i].getJobCategoryName() );
         }
      }
      if (jobListResponse.getError() != null) {
         // output Error info
         Error error = jobListResponse.getError();
         System.err.println("Error Code: " + error.getErrorCode() +
                   " Error Message: " + error.getErrorMessage());
      }
   }
   catch (org.apache.axis.AxisFault af) {
      System.err.println("SOAP Fault: " + af.getFaultString());
   }
   catch (RemoteException e) {
      e.printStackTrace();
   }
}
```

Listing 6.15: Axis-SOAP-Client - Methoden-Aufruf

6.3.3. Realisierung des SOAP-Clients in Flash 8 Actionscript

Adobe Flash 8 Professional bietet in Actionscript Klassen an, mit dem SOAP-Web-Services konsumiert werden können. Leider ist die Umsetzung eines *Proof of Concepts* in Actionscript nur teilweise erfolgreich.

Die Flash-Entwicklungsumgebung ermöglicht in einem Web-Services-Fenster mit Angabe einer WSDL-Datei einen komfortabelen Überblick über die Web-Service-Schnittstelle in einer Baumstruktur. Ein Zugriff auf die „Xtranet"-Web-Service-Beschreibung ist erfolgreich, wie Abbildung 6.3 zeigt.

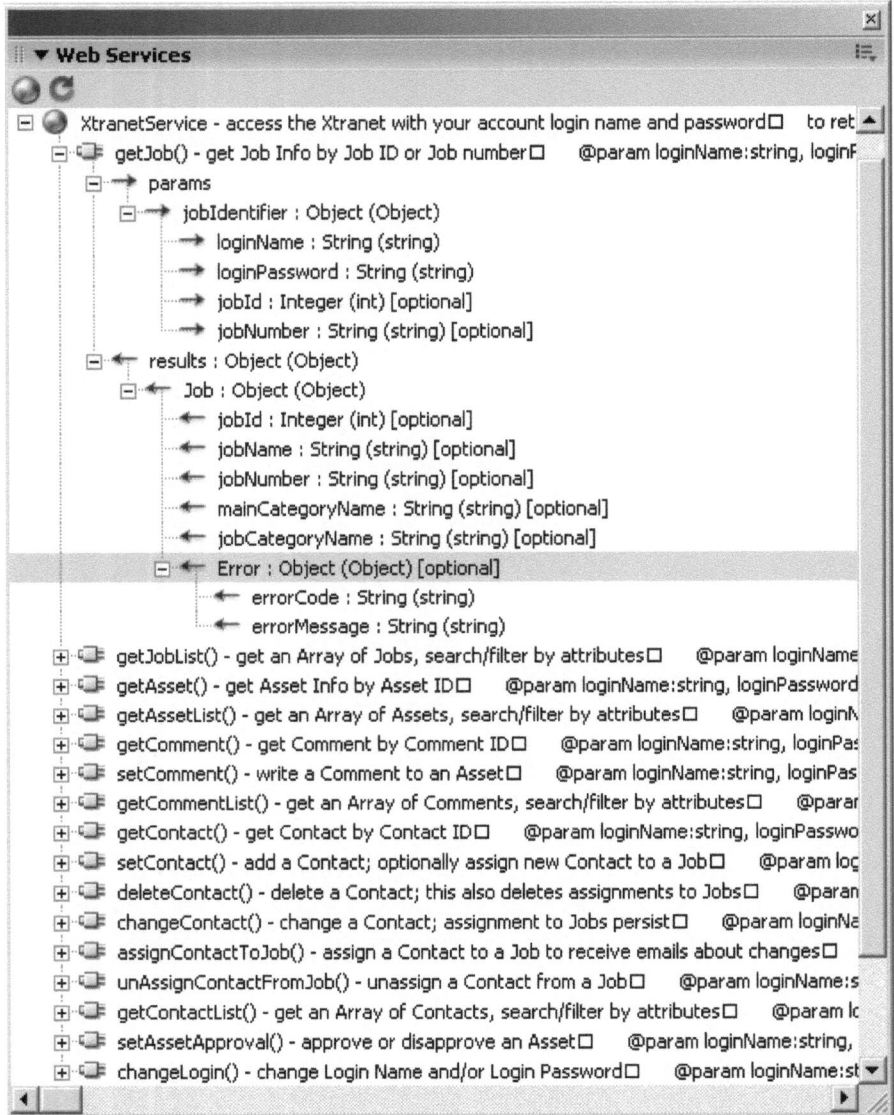

Abbildung 6.3.: Flash 8 Web-Services-Fenster

Listing 6.16 zeigt den Versuch, einen SOAP-Client in Actionscript zu realisieren. Ein neues Proxy-Objekt des Web-Service wird mit dem WSDL-Dokument geschaffen und die Web-Service-Methode `getJobList` mit Testparametern aufgerufen. Flash sendet eine SOAP-Anfrage an den Server und erzeugt eine Instanz der `PendingCall`-Klasse

– hier `wsResult` – die den Aufruf repräsentiert. Nach erfolgreichem Aufruf sind die SOAP-Anfrage und die SOAP-Antwort über die Attribute `wsResult.request` und `wsResult.response` abrufbar und werden auf der System-Konsole von Flash ausgegeben. Sowohl die SOAP-Anfrage als auch die SOAP-Antwort enthalten die erwarteten XML-Inhalte, womit bewiesen ist, dass die eigentliche Anfrage von Flash an den PHP5-SOAP-Server erfolgreich ist. Leider deserialisiert Flash die SOAP-XML-Nachricht nicht vollständig in Flash-Objekte. Im Objekt `result` sollten die Objekte und Attribute der SOAP-Antwort enthalten sein. Einfache Datentypen wie String oder Integer werden korrekt in entsprechende Attribute des `result`-Objekts gelegt, wie in diesem Beispiel die Anzahl der gesamten Resultate der Liste in `result.resultsTotal`. Das deserialisierte `Job`-Objekt sollte eigentlich in `result.Job` enthalten sein. Leider ist aus `result.Job` nur ein String geworden, der das `Job`-Objekt in seiner serialisierten XML-Form enthält.

Die Flash-Dokumentation behauptet zudem, dass die `PendingCall`-Klasse noch weitere Methoden für den Zugriff auf die SOAP-Antwort bereithält – `getOutputParameter`, `getOutputParameterByName`, `getOutputParameters`, `getOutputValue` und `getOutputValues`. Leider steht keine dieser Methoden zur Verfügung. Der Flash-SOAP-Client wird mit verschiedenen Web-Services ausprobiert, u. a. mit dem von Amazon [Ama06]. Dabei werden die gleichen Feststellungen gemacht. Wenn man tatsächlich darauf angewiesen ist, einen Web-Service mit komplexen Datentypen zu konsumieren, müsste man das zurückgelieferte SOAP-XML mit eigenem Actionscript-Code parsen, obwohl eigentlich genau *das* die SOAP-Implementierung von Flash machen sollte.

Die Implementierung eines „Xtranet"-Web-Service-Client in Flash-Actionscript wird daher nicht vollständig umgesetzt.

```
// Initialize the WebService Class here
proxy = new mx.services.WebService
            ("http://thederan.com/xtranet/ws/webservice.php5?wsdl");
// call a WS method
wsResult = proxy.getJobList("test1","test",null,null,null,null,
                                        null,null,3,2);
// display WS results
wsResult.onResult = function(result){
    // display SOAP-XML
    trace("\n SOAP XML Request: " + wsResult.request);
    trace("\n SOAP XML Response: " + wsResult.response);

    // Simple Types get deserialized
    trace("\n Simple Attribute resultsTotal: " + result.resultsTotal);

    // Complex Types do not get deserialized! Only XML is shown. Bug?
    trace("\n Complex Attribute Job : " + result.Job + "\n");

    // methods that according to the Flash manual should be available
    // but are NOT. Bug?
    trace("\n Data getOutputValue(0): " + wsResult.getOutputValue(0) );
    trace("\n Data getOutputValues: " + wsResult.getOutputValues());
}

// display soap faults
wsResult.onFault = function(code){
    trace("Fault:" + code);
    for(var a in code){
        trace([a,code[a]])
    }
}
```

Listing 6.16: Flash Actionscript SOAP-Client

7. Test des Xtranet-Web-Service

7.1. Funktionale Tests

Wie in Kapitel 4.7 in den Anforderungen definiert, müssen sämtliche Methoden der „Xtranet"-Web-Service-API auf ihre korrekte Funktionalität getestet werden. Es werden zwar alle Methoden schon während ihrer Entwicklung immer wieder getestet. Nichtsdestotrotz erfolgen nach Abschluss der Realisierung Durchläufe einer Liste vorher festgelegter Methodenaufrufe.

Da für die im nächsten Kapitel beschriebenen Interoperabilitätstests Logdateien der SOAP-Kommunikation benötigt werden, werden alle Testdurchläufe mit dem *WS-I Monitor Tool* aufgezeichnet.

Für die Tests werden eine Reihe von *Jobs* mit dazugehörigen *Assets*, Kommentaren und Freizeichnungen angelegt. Ein SQL-Dump der Beispieldaten befindet sich in Anhang F. Die Tests erfolgen zunächst mit dem PHP5-SOAP-Client über das Browser-Interface. Es werden zwei Listen von möglichen Methodenaufrufen mit verschiedenen Parameterkombinationen definiert, die in Anhang G zu finden sind. In der ersten Liste werden zunächst 112 Methodenaufrufe festgelegt, von denen keine *SOAP-Fault*-Antworten erwartet werden, sondern nur Antworten mit Daten- oder *Error*-Objekten. Die zweite Liste enthält 19 Methodenaufrufe, die mit fehlerhaften Parameterübergaben eine Rückgabe von *SOAP-Faults* provozieren. Die *SOAP-Faults* müssen korrekte Fehlerbeschreibungen enthalten.

Im Anschluss wird auch der Axis-Client mit 33 Methodenaufrufen getestet und dessen SOAP-Kommunikation mit dem PHP5 SOAP-Server in einer Logdatei gespeichert.

Wie in Kapitel 6.3.3 beschrieben, ist ein SOAP-Client mit Flash-Actionscript nicht sinnvoll umsetzbar, weil die in SOAP serialisierten Objekte nicht korrekt in Flash-Objekte deserialisiert wurden. Da jedoch zumindest eine SOAP-Kommunikation zwischen dem Flash-SOAP-Client und dem PHP5-SOAP-Server stattfindet, wird wenigstens jede Web-Service-Methode einmal aufgerufen, um die dabei entstehende Logdatei der SOAP-Kommunikation im folgenden Interoperabilitätstest zu verwenden.

Während erster Durchläufe des abschließenden Tests werden natürlich noch einige Fehler festgestellt, die behoben werden müssen. Unter anderem zeigt sich, dass der PHP5-SOAP-Server Sonderzeichen wie Umlaute nicht automatisch im Zeichensatz UTF-8 in die SOAP-Nachrichten einbringt. Werden Umlaute benutzt, wird eine Fehlermeldung

geliefert, die darauf hinweist, dass die verwendeten Zeichen kein UTF-8 String sind. Der
PHP5-SOAP-Server muss daher dahingehend angepasst werden, dass sämtliche String-
Attribute, die aus der Datenbank kommen, mit der PHP-Methode utf8_encode in
UTF-8 codiert werden, bevor sie per SOAP verschickt werden. Der in PHP5 umgesetzte
SOAP-Client muss seine String-Parameter ebenfalls in UTF-8 in die SOAP-Anfrage
speichern. Dazu reicht es aus, dass der charset der HTML-Seite und dessen HTML-
Formular auf UTF-8 gesetzt werden. Die Axis- und Flash-SOAP-Implementierungen
sorgen automatisch dafür, dass die Zeichen in UTF-8 in die SOAP-Anfrage eingebracht
werden.

7.2. Interoperabilitätstests

Der „Xtranet"-Web-Service wird auf die Einhaltung des *WS-I Basic Profile 1.1* überprüft. Zu diesem Zweck bietet die WS-I Programme an, mit denen WSDL-Beschreibungen
und die SOAP-Kommunikation getestet werden können [Web05]. Dies sind zum einen
das *WS-I Monitor Tool*, mit dem sämtliche SOAP-Nachrichten in einer Logdatei aufgezeichnet werden können, und zum anderen das *WS-I Analyzer Tool*, das diese Logdatei
und ein WSDL-Dokument auf WS-I-Profil-Konformität hin testet. Die WS-I stellt die
Programme in Java und .NET Versionen kostenlos zur Verfügung.

Das *WS-I Monitor Tool* kommt während des gesamten funktionalen Tests zum Einsatz.
Das Programm verfolgt einen *man-in-the-middle*-Ansatz. Es setzt sich zwischen den
Sender und den Empfänger, fängt alle SOAP-Anfragen bzw. -Antworten vom Sender
ab, speichert sie umformatiert in eine Logdatei für eine spätere Analyse und reicht die
Nachricht dann an den Empfänger weiter. Zu diesem Zweck lauscht das Programm auf
einem bestimmten in der Programmkonfiguration festgelegten TCP-Port und leitet die
abgefangene Nachricht danach an einen bestimmten Zielport weiter. Beim Test muss
daher in der WSDL-Beschreibung der Service-URI des Web-Service mit dem Port des
Monitor-Tools versehen werden, damit sämtliche Kommunikation darüber läuft.

Der PHP5-SOAP-Web-Service liefert, je nach Anfrage des Client, seine Antworten in
SOAP 1.1 oder SOAP 1.2 zurück. Von der Serverseite aus lässt sich dies nicht beeinflus-
sen. Das *WS-I Basic Profile 1.1* ist nur mit SOAP-Nachrichten in Version 1.1 konform[1].
Bei der Protokollierung aller „Xtranet"-Web-Service-Methoden in der Logdatei muss der
anfragende Client daher auf Kommunikation nach SOAP 1.1 konfiguriert werden, um
die WS-I-Profil-Konformität zu testen.

Nach den Testdurchläufen aller Web-Service-Methoden mit allen Clients können die
erstellten Logdateien und die WSDL-Datei dem *WS-I Analyzer Tool* zur Analyse übergeben werden, das daraus Konformitätsreporte erstellt[2]. Das WSDL-Dokument wird im

---

[1]SOAP 1.2 wird erst im nächsten *WS-I Basic Profile 2.0* für interoperabel befunden. Die WS-I hat im
   Mai 2006 erklärt noch in diesem Jahr an der Arbeit an diesem Profil zu beginnen [Cov06].
[2]Die vollständigen Reports befinden sich auf Grund ihres großes Umfangs nur auf der anbei liegenden
   CD-ROM

Report als *WS-I Basic Profile 1.1* konform bestätigt. Ebenso wird die SOAP-Kommunikation des PHP5-SOAP-Server sowohl mit dem PHP5-SOAP-Client als auch dem Axis-SOAP-Client als profilkonform bestätigt. Weiterhin wird die SOAP-Kommunikation als passend zur WSDL-Beschreibung erklärt.

Als nicht konform zur WSDL-Beschreibung werden die SOAP-Anfragen des Flash-Actionscript-Clients eingestuft. Dieser formt Parameter, die beim Aufruf `null` gesetzt werden, in XML als leere Elemente wie z. B. `<sortOrder />` um, anstatt sie vollkommen wegzulassen. Entweder enthält das Element einen Wert im Datentyp, der im WSDL-Dokument definiert ist, oder das Element muss komplett fehlen, wenn man einen `null` Wert übertragen will. Die Angabe eines `null`-Werts ist also mit der Flash-SOAP-Implementierung nicht möglich.

7.3. Leistungstests

Abschließend werden Messungen der Leistungsfähigkeit der PHP-Anwendungen vorgenommen. Dazu werden die *Profiling*-Funktionalitäten der PHP-Erweiterung „Xdebug" [Ret05] verwendet, welche PHP-Skripte während der Laufzeit analysiert und Zeitmessungen der einzelnen Methodenaufrufe vornimmt. Die dabei entstehenden Logdateien lassen sich mit Hilfe des Programms WinCacheGrind [Ira05] visualisieren.

Eine sehr hohe Anzahl gleichzeitiger Zugriffe auf das System sind nicht zu erwarten, da das Extranet nur einem eingeschränkten, überschaubaren Publikum zur Verfügung steht. Um die Leistungsfähigkeit möglichst hoch auszureizen, werden für die Messung nicht die Daten verwendet, die während des funktionalen Tests verwendet werden, sondern eine Kopie der Datenbank der New Yorker Werbeagentur „The 7th Art". Diese enthält *Accounts*, die bis zu mehrere hundert *Assets* besitzen. So kann der Zugriff auf die *Asset*-Liste eines Kunden getestet werden, der 697 *Assets* im Extranet-System zugewiesen hat. Diese Liste wird ohne eine Beschränkung auf eine bestimmte Resultatmenge komplett mit der Web-Service-Methode `getAssetList` angefragt. Die dabei generierte SOAP-Antwort enthält 352 KByte XML-Daten. Die Messungen werden mehrfach durchgeführt. Abbildung 7.1 stellt ein Beispiel der Visualisierung der Xdebug-Logdaten eines PHP-Skript-Aufrufs dar. Tabelle 7.1 zeigt die Ergebnisse aller Messungen. Der PHP5-Code des SOAP-Servers benötigt für einen derartigen Methodenaufruf durchschnittlich ca. 3,7 Sekunden, der SOAP-Client 5,7 Sekunden.

Wie schon erwähnt, bieten die Listen-Methoden wie `getAssetList` die Möglichkeit, die Resultatmenge einzuschränken und auf mehrere Seiten zu verteilen. Wird die Anzahl bspw. auf 10 Resultate beschränkt, ergeben die Messungen eine Zeitdauer von ca. 0,15 Sekunden für den SOAP-Server und 0,3 Sekunden für den SOAP-Client.

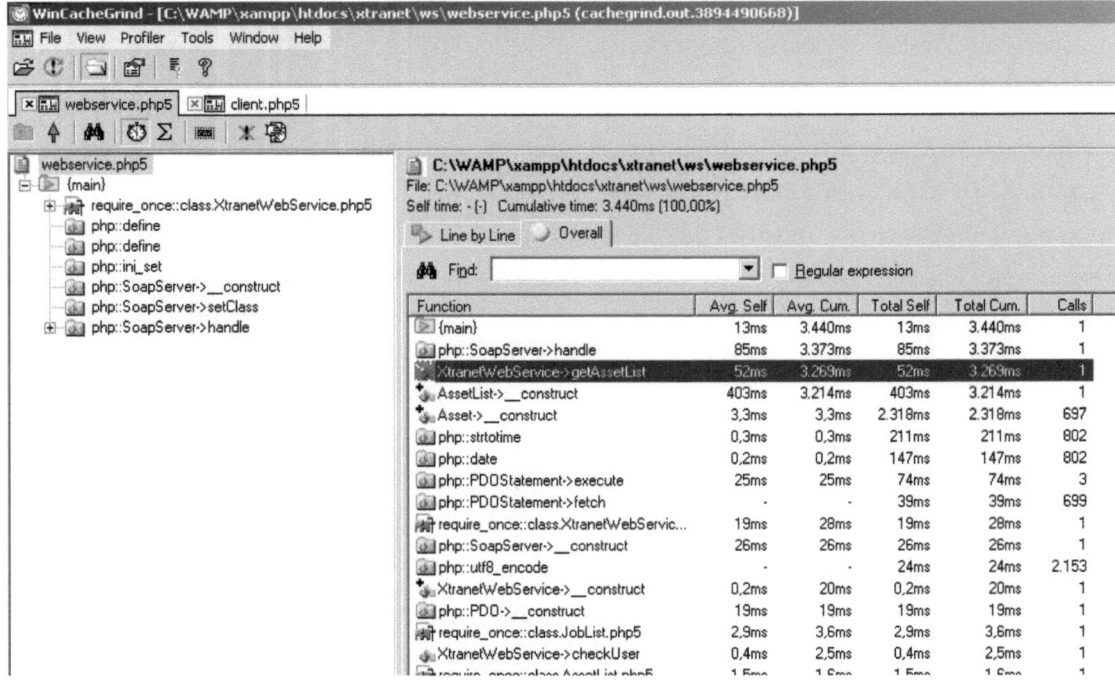

Abbildung 7.1.: Visualisierung des Xdebug Profilings

Nr.	Server in ms	Client in ms
01	3440	5436
02	3733	5657
03	3773	5843
04	3705	5823
05	3828	6058
06	3823	6058
07	3801	5748
08	3845	5780
09	3737	5590
10	3749	5654

Tabelle 7.1.: Messung der Zeitdauer des PHP5-SOAP-Servers und -Clients: getAssetList mit 697 Resultaten

8. Schlussbetrachtung

8.1. Zusammenfassung

Ausgangspunkt für diese Arbeit war das Extranet-System „Xtranet Staging Site‘, welches bei der New Yorker Werbeagentur „The 7th Art" im Einsatz ist, und von mir zusammen mit der Agentur im Jahr 2004 entwickelt wurde. Ziel dieser Arbeit war es, eine Programmierschnittstelle zu schaffen, die einen programmiersprachenunabhängigen Zugriff mit Hilfe von Web-Service-Technologien auf dieses Extranet-System ermöglicht.

Zunächst wurde der Begriff Web-Service definiert. In der Literatur wird der Begriff nicht immer einheitlich verwendet. Insbesondere wird er oftmals synonym zu den Protokoll-Standards des W3C SOAP/WSDL gestellt. Man kann Web-Services jedoch allgemein als einen Oberbegriff für eine Schnittstelle ansehen, die es verteilten Software-Systemen erlaubt, plattform- und programmiersprachenunabhängig miteinander zu kommunizieren. Dabei einigen sich die Kommunikationspartner auf eine standardisierte Sprache wie XML und standardisierte Transportwege wie HTTP. Nach dieser Definition fallen auch Schnittstellen, die mit XML-RPC oder einem REST-Ansatz umgesetzt sind, unter den Begriff Web-Service.

Nach der allgemeinen Betrachtung des Web-Service-Begriffs wurden die in Frage kommende Web-Service-Basis-Technologien näher beleuchtet. Am interessantesten sind sicherlich die für eine Web-Service-Umsetzung als Alternativen zueinander zur Verfügung stehenden Technologieansätze XML-RPC, SOAP und REST.

Bevor es an die Entwicklung des eigentlichen Web-Service ging, wurden das „Xtranet" und die Funktionalitäten, die die Werbeagentur ihren Kunden damit bietet, beschrieben. Das Werbeagentur-Extranet dient zur Kommunikation zwischen Agentur und Kunde. Der Agenturkunde erhält über ein Browser-Interface einen passwortgeschützten Zugang zum Extranet, um die von der Agentur für ihn geleisteten Arbeiten bzw. Zwischenstände von Arbeiten zu betrachten. Diese Arbeiten können alle möglichen multimedialen Dateien sein, die über das Web konsumierbar sind. Der Kunde kann der Agentur über das System seine Meinung zu bestimmten Arbeiten mitteilen und die Abnahme von Arbeiten bestätigen. Da die Agentur den Kunden über Aktualisierungen im System per E-Mail informiert, sind die zuständigen Ansprechpartner des Kunden mit ihren E-Mail-Adressen den Arbeiten zugewiesen.

In der Anforderungsdefinition wurden die Kriterien und Funktionen festgelegt, die für die Web-Service-Schnittstelle auf das Extranet-System benötigt werden. Dem Kunden soll ein programmatischer, objektorientierter Zugriff auf das System geboten werden, der die gleichen und teilweise erweiterte Möglichkeiten bietet wie der Zugriff über das bisherige Browser-Interface.

Neben einem Web-Service-Server, der die eigentliche Web-Service-API auf das Extranet bietet, sollte auch mindestens ein Web-Service-Client realisiert werden, der den „Xtranet"-Web-Service beispielhaft konsumiert. Dieser dient zum einen als *Proof of Concept* des Web-Service. Zum anderen wird damit einem Programmierer, der selbst einen entsprechenden Client schaffen will, eine Beispielrealisierung an die Hand gegeben. Zur Überprüfung der Interoperabilität des Web-Service mit Web-Service-Implementierungen in weiteren Programmiersprachen waren weitere Clients wünschenswert.

Zur Umsetzung der programmiersprachenunabhängigen Schnittstelle mussten die zur Verwendung kommenden Web-Service-Technologien ausgewählt werden. XML-RPC ist quasi die Vorgängerversion von SOAP und erfährt hinsichtlich der Verbreitung und Verfügbarkeit in verschiedenen Programmiersprachen keine so breite Unterstützung wie SOAP. REST ist kein festgelegter Protokoll-Standard, sondern nur ein Architekturstil und verlangt vom Programmierer eines entsprechenden Clients, die zurückgelieferten XML-Strukturen selbst zu parsen und in Objekte der verwendeten Programmiersprache zu formen. Es wurde schließlich das XML-basierte SOAP als Kommunikationsprotokoll gewählt. Dieser SOAP-Web-Service sollte mit einem WSDL-Dokument beschrieben werden, was die Entwicklung entsprechender Web-Service-Clients erleichtert.

Es wurden nun zunächst die Objekte entworfen, die beim objektorientierten Zugriff auf die Daten des Extranet über den Web-Service zur Verfügung stehen sollen. Unterschieden werden kann dabei zwischen den eigentlichen Datenobjekten wie `Job` oder `Asset` und dazugehörigen Listenobjekten, die den Zugriff auf eine Mehrzahl von Datenobjekten bieten. Diese Listenobjekte ermöglichen dabei die Beschränkung der Anzahl der Datenobjekte und Aufteilung über mehrere Seiten, um das Datenaufkommen nach einer Anfrage gering zu halten.

Im Anschluss wurden die eigentlichen Methoden festgelegt, die der Web-Service bietet. Insgesamt wurden 16 Methoden definiert, die den zumeist lesenden Zugriff auf die Datenobjekte ermöglichen, aber auch schreibenden Zugriff, wie das Hinterlassen von Kommentaren oder Ändern der E-Mail-Adressen des Kunden.

Die Realisierung des Web-Service begann mit der Erstellung der WSDL-Beschreibung des SOAP-Web-Service. In diesem sind der URI zum Web-Service, alle Methoden, deren Parameter und Rückgabewerte und die Datentypdefinitionen der Objekte in XML-Form definiert. Der Programmierer eines Web-Service-Clients kann mit Hilfe dieses Dokuments – je nach Möglichkeiten der verwendeten SOAP-Implementierung – ein Proxy-Objekt generieren, das den Web-Service wie einen Stellvertreter darstellt und dessen Methoden bietet oder sogar ganze Code-Gerüste automatisch generieren lassen, die die Web-Service-Schnittstelle abbilden.

Der eigentliche Web-Service wurde dann in PHP5 realisiert. Die Methoden des Web-Service werden ebenso entwickelt, wie die Klassen der Daten- und Listenobjekte, die der Web-Service zurückliefert. Schließlich werden drei Web-Service-Clients entwickelt. Der PHP5-Client bietet ein Browser-Interface, mit dem sämtliche Methoden des Web-Service genutzt werden können. Die Umsetzung in Java mit Axis 1.3 ermöglicht ebenfalls einen vollständigen Zugriff auf alle Web Service Methoden, bietet jedoch keine graphische Benutzeroberfläche. Sämtliche Methodenaufrufe werden im Code definiert und die Ausgabe erfolgt auf der Systemkonsole. Ein dritter Client sollte mit Actionscript in der Entwicklungsumgebung Flash 8 realisiert werden, ähnlich wie der Axis-Client ohne graphische Benutzeroberfläche. Leider stellte sich die Actionscript-SOAP-Implementierung als nicht einsatzfähig für Web-Service-Anwendungsfälle heraus, in denen komplexe Datentypen gebraucht werden.

Die abschließenden Tests bescheinigten dem SOAP-Web-Service und seinen Methoden eine volle Funktionalität. Zudem halten das WSDL-Dokument, die SOAP-Anfragen des PHP5-Clients und des Axis-Clients sowie die SOAP-Antworten des Web-Service das *Basic Profile 1.1* der „Web Services Interoperability Organization" ein. Mit dem Actionscript-Client waren keine vollständig konformen SOAP-Anfragen möglich. Die Geschwindigkeitsmessungen einzelner Anfragen bescheinigten dem Web-Service selbst bei sehr großen Datenmengen von fast 700 Objekten noch akzeptable Antwortzeiten unter 10 Sekunden. Gewöhnliche Anfragen mit Objekt-Anzahlen im zweistelligen Bereich befinden sich im Millisekunden-Bereich.

8.2. Bewertung und Ausblick

Das Ergebnis dieser Arbeit ist die Web-Service-API, die den Kunden der Werbeagentur Zugriff auf das Extranet-System „Xtranet" bietet und so ein Einbinden der Extranet-Daten in kundeneigene Systeme ermöglicht. Alle vom Web-Service angebotenen Methoden wurden vollständig umgesetzt. Ein Einsatz des Web-Service in einer realen Produkumgebung auf dem Server der Agentur setzt natürlich voraus, dass die Kommunikation mit dem Web-Service nur über verschlüsselte HTTPS-Verbindungen abläuft. Außerdem wurden prototypisch zwei Web-Service-Clients in PHP5 und in Java entwickelt, die den Zugriff auf alle Web-Service-Methoden vornehmen, und die Funktionsfähigkeit des Web-Service beweisen. Der Versuch, einen Web-Service-Client mit der Flash 8 Entwicklungsumgebung in Actionscript zu entwickeln, war ernüchternd. Grundsätzlich wäre mit erhöhtem Programmieraufwand in Actionscript die fehlende Funktionalität der vollständigen XML-Deserialisierung zwar möglich. Dieser Aufwand soll aber eigentlich von einer SOAP-Implementierung abgenommen werden, wie es die SOAP-Implementierungen in anderen Programmiersprachen beweisen.

Es wäre wünschenswert gewesen, den Web-Service mit weiteren SOAP-Implementierungen in verschiedenen Programmiersprachen zu testen. Insbesondere ein Test mit der weit verbreiteten .NET-Implementierung wäre interessant gewesen, war aber auf Grund mangelnder Zeit nicht mehr umsetzbar. Dass der Web-Service dennoch eine hohe Interoperabilität gewährleistet, bescheinigt ihm die erfolgreiche Einhaltung der Konformität mit dem *WS-I Basic Profile 1.1.*

Als interessantes Nebenprodukt der Arbeit ist das entwickelte Klassendiagramm zu nennen, und die dabei gewonnenen Erkenntnisse aus der objektorientierten Betrachtung des Extranet-Systems. Das bisher strukturiert bzw. prozedural programmierte „Xtranet"-CMS könnte auf Grundlage dieser Erkenntnisse eine objektorientierte Neu- bzw. Weiterentwicklung erfahren.

A. Datenbankstruktur des Xtranet-Systems

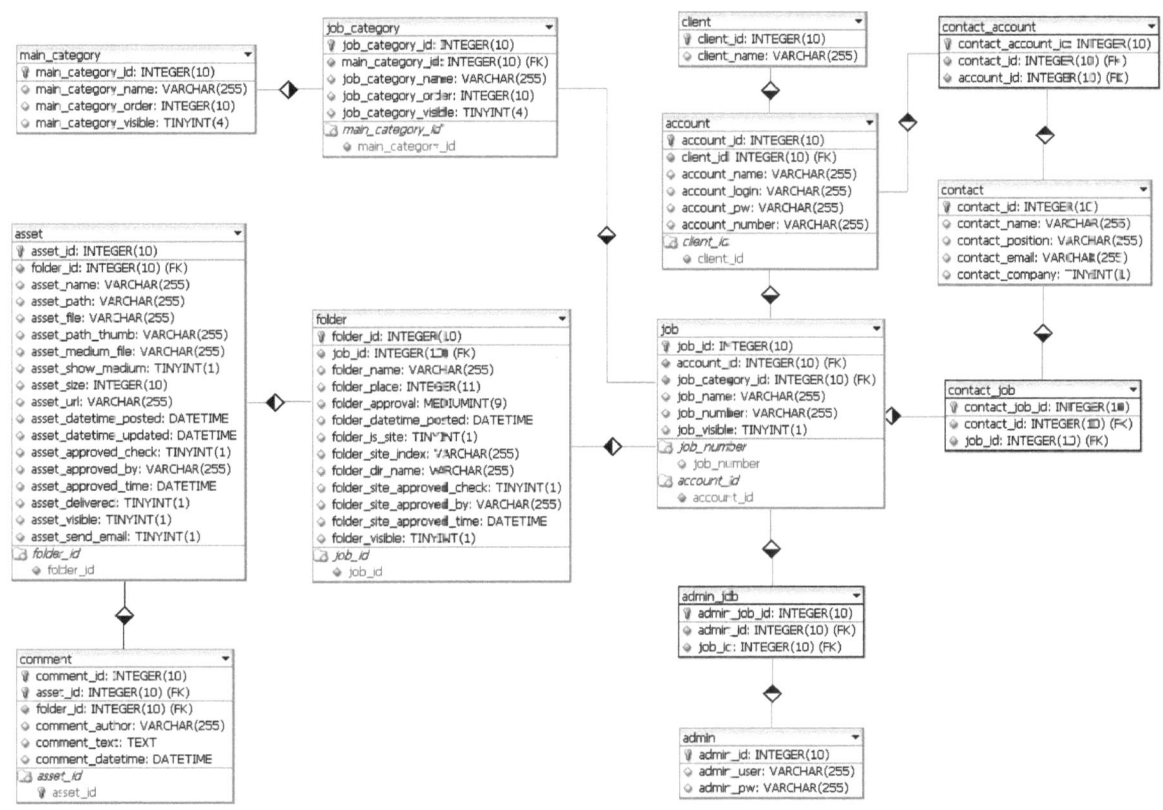

Abbildung A.1.: Datenbankstruktur des Xtranet Systems

B. Verzeichnisse

Abkürzungen

API   Application Programming Interface, S. 24.

B2B   Business to Business, S. 5.

CDA   Content Delivery Application, S. 19.

CMA   Content Management Application, S. 19.

CMS   Content Management System, S. 19.

EAI   Enterprise Application Integration, S. 5.

ERM   Entity Relationship Model, S. 35.

OASIS   Organization for the Advancement of Structured Information Standards, S. 6.

PDO   PHP Data Objects, S. 50.

PHP   PHP: Hypertext Preprocessor, S. 34.

RPC   Remote Procedure Call, S. 4.

SOA   Serviceorientierte Architektur, S. 18.

UDDI   Universal Description, Discovery and Integration, S. 17.

URI   Uniform Resource Identifier, S. 12.

W3C   World Wide Web Consortium, S. 4.

WS-Client Web Service Client, S. 3.

WS-I   Web Service Interoperability Organization, S. 6.

WSDL   Web Service Description Language, S. 13.

XML   Extensible Markup Language, S. 4.

Glossar

Application Programming Interface API; Eine API ist eine Schnittstelle, die ein Softwaresystem zur Verfügung stellt, um anderen Softwaresystemen Zugriff zu gewähren oder Funktionen bereitzustellen, S. 24.

Asset Im „Xtranet Staging Site System" beschreiben *Assets* alle möglichen Dateien, die von der Agentur in das System für die Kunden zur Begutachtung hochgeladen wurden, wie Bild-, Video-, Audio oder Textdateien, S. 20.

Content Delivery Application CDA; Die CDA ist der Teil eines CMS, der dessen Inhalte darstellt. Im Falle des „Xtranet Staging Site System" ist es der Teil auf den der Kunde der Agentur Zugriff hat, S. 19.

Content Management Application CMA; Die CMA ist der Teil eines CMS, mit dem die Inhalte gepflegt werden. Im Falle des „Xtranet Staging Site System" ist es die Administrationsoberfläche, mit der die Mitarbeiter der Agentur Dateien ins System für die Kunden hochladen, S. 19.

Content Management System CMS; Mit einem CMS können dynamische Inhalte eines Systems verwaltet werden. Bekannt sind insbesondere Web-CMS, mit denen Inhalte von Webseiten verwaltet und verändert werden können. Ein CMS besteht meist aus einem CMA-Teil zum Verwalten der Inhalte und einem CDA-Teil zur Darstellung der Inhalte, S. 19.

Extranet Der Begriff Extranet ist nicht standardisiert und wird teilweise unterschiedlich interpretiert. In dieser Arbeit wird ein Extranet wie folgt verstanden: Ein Extranet ist ein nicht öffentliches System, in dem eine Organisation (z. B. eine Firma) einer ausgewählten Benutzergruppe (z. B. ihren Kunden) Inhalte über das Web anbietet. Die Benutzer müssen sich beim Zugang zum Extranet authentifizieren, S. 19.

Freizeichnen Im „Xtranet Staging Site System" bestätigt der Kunden beim Freizeichnen die Abnahme eines bestimmten *Assets*, S. 21.

Job Im „Xtranet Staging Site System" bezeichnet ein *Job* einen Auftrag des Kunden an die Agentur, S. 20.

Kardinalität Die Kardinalität beschreibt das zahlenmäßige Verhältnis zwischen zwei Objekten, z. B. 1:1, 1:n oder n:m, S. 35.

Kommentar Im „Xtranet Staging Site System" kann der Kunde zu einem *Asset* Kommentare hinterlassen, S. 21.

Kontakt Im „Xtranet Staging Site System" ist ein Kontakt eine E-Mail-Adresse – unterschieden nach E-Mail-Adressen von Kunden und der Agentur. Kontakte auf Kundenseite können über das System über Veränderungen an *Jobs* oder *Assets* informiert werden. Kontakte auf Agenturseite werden über Kommentare und Freizeichnungen des Kunden informiert, S. 21.

Proxy Ein Proxy ist im Bereich von verteilten Softwaresystemen ein Stellvertreter in einem lokalen System, für ein Objekt, das sich auf einem entfernten System befindet. Das Proxy-Objekt ermöglicht den Zugriff auf das entfernte Objekt, S. 13.

Remote Procedure Call Der Remote Procedure Call (RPC) ist ein Paradigma in der Kommunikation verteilter Systeme. Ein Client sendet eine Anfrage mit Parametern an den Server, um dort eine Prozedur (bzw. Methode) aufzurufen, dessen Antwort an den Client zurückgeliefert wird. RPC-Implemtentierungen gibt es in vielen Programmiersprachen. In objektorientierten Sprachen wie Java wird von Remote Method Invocation gesprochen. Programmiersprachenunabhängige Implementierungen von RPCs bieten CORBA und Web-Services, S. 4.

Serviceorientierte Architektur (SOA); In einer SOA macht ein Service-Provider seinen Web-Service in einem Verzeichnis (UDDI) mit einer Beschreibung und seiner URI (WSDL) bekannt. Ein Service-Konsument kann in diesem Verzeichnis nach einem Service anhand dessen Beschreibung suchen. Auf den gewünschten Web-Service kann der Konsument dann (via SOAP) zugreifen, S. 18.

SOAP SOAP ist ein auf XML basierendes Protokoll zum Austausch von Nachrichten über das Internet, welches vom W3C standardisiert wurde. Kapitel 2.4 dieser Arbeit beschreibt SOAP detailiert, S. 10.

SQL-Injection Bei einer sogenannten *SQL-Injection* werden Sicherheitslücken in einem System ausgenutzt, das SQL-Anweisungen für den Datenbankzugriff benutzt. Möglich wird ein derartiger Angriff, wenn Eingabeparameter, die Benutzer eingeben können, direkt an die Datenbank weitergereicht werden, ohne die Parameter vorher auf Zeichen zu überprüfen, die die SQL-Anweisung verändern können, S. 51.

Uniform Resource Identifier URI; Ein URI ist eine Zeichenfolge, die zur Bezeichnung und Identifizierung von Ressourcen im Internet dient. Ein URI kann ein Adresse in einem Netzwerk (Uniform Resource Locator), ein Name (Uniform Resource Name) oder beides sein. Vor der eigentlichen Bezeichnung steht durch einen Doppelpunkt getrennt der Typ der URI. Bei Netzwerkadressen kann dies die Protokollart sein (http, ftp ..), bei einfachen Bezeichnungen steht als Typ urn, S. 12.

Universal Description, Discovery and Integration UDDI; UDDI ist ein Standard für ein Verzeichnisdienst für SOAP-Web-Services. UDDI wird vom Gremium OASIS standardisiert. Siehe Kapitel 2.7, S. 17.

Web Service Bei Web Services geht es um eine Form der Maschine-Maschine-Kommunikation. Ein Service-Provider stellt dabei gewisse Funktionen zur Verfügung, die der Service-Konsument nutzen kann. Die beiden Kommunikationspartner einigen sich dabei auf eine standardisierte zumeist XML-basierte Sprache (z. B. SOAP oder XML-RPC) und verwenden einen standardisiertes Transportprotokoll (z. B. HTTP), S. 3.

Web Service Description Language WSDL; WSDL ist ein auf XML basierendes Format zur Beschreibung von Web Service Schnittstellen. WSDL wird vom W3C standardisiert. Siehe Kapitel 2.6, S. 13.

World Wide Web Consortium W3C; Das W3C ist ein internationales Konsortium, welches Technologien standardisiert, die das World Wide Web betreffen. Bei der Entwicklung eines endgültigen Standards, der beim W3C *Recommandation* (Empfehlung) heißt, werden verschiedene Stufen durchlaufen: *Working Draft* (Arbeitsentwurf), *Last Call* (letzter Aufruf), *Candidate Recommendation* (Kandidat für eine Empfehlung) und *Proposed Recommendation* (Vorschlag für eine Empfehlung), S. 1.

WS-I Basic Profile Das *WS-I Basic Profile* ist eine Spezifikation der Web Services Interoperability Organization (WS-I), das beschreibt, wie ein Web Service aufgebaut sein sollte, damit eine möglichst hohe Interoperabilität zwischen verschiedenen Web Service Implementierungen gewährleistet ist, S. 6.

XML Extensible Markup Language (Erweiterbare Auszeichnungssprache). XML ist ein Standard des W3C für die textuelle Beschreibung von Daten in einer Baumstruktur. Die Textbasiertheit ermöglicht eine vollkommene Plattformunabhängigkeit. Spezielle Sprachen zur Beschreibung spezieller Anwendungsfälle (z.B. SOAP, XML-RPC) basieren auf der generellen Sprache XML, S. 4.

XML-RPC XML-RPC ist ein auf XML basierendes Protokoll zum Austausch von Nachrichten über das Internet. Es gilt als Vorgänger von SOAP. Kapitel 2.3 dieser Arbeit beschreibt XML-RPC detailiert, S. 7.

XML-Schema XML-Schema ist eine Spezifikation des W3C, mit dem Regeln für die Struktur eines XML-Dokuments beschrieben werden können, S. 14.

Listings

Abbildungsverzeichnis

Tabellenverzeichnis

Literaturverzeichnis

[Ado05]   ADOBE SYSTEMS INCORPORATED: *LiveDocs - Flash Professional 8 - Web service classes.* http://livedocs.macromedia.com/flash/8/main/00004235.html, 2005. – Zugriff: 07.06.2006

[Ama06]   AMAZON: *Amazon Web Services.* http://docs.amazonwebservices.com/AWSEcommerceService/2006-03-08/index.html, 2006. – Zugriff: 28.05.2006

[Apa05]   APACHE SOFTWARE FOUNDATION: *Apache Axis 1.x.* http://ws.apache.org/axis/, October 2005. – Zugriff: 01.04.2006

[But05]   BUTEK, Russell: *Which style of WSDL should I use?* http://www-128.ibm.com/developerworks/webservices/library/ws-whichwsdl/, May 2005. – Zugriff: 15.05.2006

[Cer02]   CERAMI, Ethan: *Top Ten FAQs for Web Services.* http://webservices.xml.com/pub/a/ws/2002/02/12/webservicefaqs.html, February 2002. – Zugriff: 01.04.2006

[Cos02]   COSTELLO, Roger L.: *Building Web Services the REST Way.* http://www.xfront.com/REST-Web-Services.html, 2002. – Zugriff: 20.05.2006

[Cov06]   COVER PAGES: *WS-I Announces New Profile Work for 2006 (Der Link zur Original Pressemeldung von der WS-I war zum Zeitpunkt der Arbeit defekt).* http://xml.coverpages.org/WS-I-Profiles2006.html, May 2006. – Zugriff: 28.06.2006

[EF03]   EBERHART, Andreas ; FISCHER, Stefan: *Web Services - Grundlagen und praktische Umsetzung mit J2EE und .NET.* Carls Hanser Verlag München Wien, 2003

[Fie00]   FIELDING, Roy T.: *Architectural Styles and the Design of Network-based Software Architectures. Doctoral dissertation, University of California, Irvine.* http://www.ics.uci.edu/~fielding/pubs/dissertation/top.htm, 2000. – Zugriff: 20.05.2006

[Goo06]   GOOGLE: *Google Web APIs.* http://www.google.com/apis/, 2006. – Zugriff: 01.04.2006

[HL04]   HAUSER, Tobias ; LÖWER, Ulrich M.: *Web Services Standards*. Galileo Press, Bonn, 2004

[HZ03]   HEIN, Manfred ; ZELLER, Henner: *Java Web Services*. Addison-Wesley Verlag, 2003

[IBM06a] IBM DEVELOPERWORKS: *What is Service-Oriented Architecture (SOA)?* `http://www-128.ibm.com/developerworks/webservices/newto/`, 2006. – Zugriff: 27.03.2006

[IBM06b] IBM DEVELOPERWORKS: *What is Web services?* `http://www-128.ibm.com/developerworks/webservices/newto/websvc.html`, 2006. – Zugriff: 27.03.2006

[Ira05]   IRAWAN, Hendy: *WinCacheGrind viewer für Xdebug Profile*. `http://sourceforge.net/projects/wincachegrind`, 2005. – Zugriff: 20.06.2006

[ML06]   MACKENZIE, C. M. ; LASKEY, Ken: *Reference Model for Service Oriented Architecture 1.0*. `http://www.oasis-open.org/committees/download.php/15628/wd-soa-rm-pr1.pdf`, February 2006. – Zugriff: 27.03.2006

[OAS04]   OASIS: *UDDI Version 3 Specification*. `http://uddi.org/pubs/uddi-v3.0.2-20041019.htm`, October 2004. – Zugriff: 18.05.2006

[OAS06]   OASIS: *WS-Security 1.1 OASIS Standard*. `http://www.oasis-open.org/committees/tc_home.php?wg_abbrev=wss#technical`, February 2006. – Zugriff: 17.05.2006

[PHP06a] PHP GROUP: *PDO-Funktionen in PHP 5*. `http://de.php.net/manual/de/ref.pdo.php`, 2006. – Zugriff: 13.05.2006

[PHP06b] PHP GROUP: *SOAP Funktionen in PHP 5*. `http://de.php.net/manual/de/ref.soap.php`, 2006. – Zugriff: 13.05.2006

[Pre06a] PRESCOD, Paul: *Paul Prescods Dokumente über XML und Web Service Technologien*. `http://www.prescod.net/`, 2006. – Zugriff: 27.03.2006

[Pre06b] PRESCOD, Paul: *Roots of the REST/SOAP Debate: 1 Understanding the Problems*. `http://www.prescod.net/rest/rest_vs_soap_overview`, 2006. – Zugriff: 23.04.2006

[Ret05]   RETHANS, Derick: *Xdebug extension*. `http://www.xdebug.org/`, 2005. – Zugriff: 20.06.2006

[US06]   USERLAND SOFTWARE, Inc.: *XML-RPC Home Page*. `http://www.xmlrpc.com/`, 2006. – Zugriff: 28.03.2006

[W3C01]   W3C: *W3C Note: Web Services Description Language (WSDL) 1.1.* `http://www.w3.org/TR/2001/NOTE-wsdl-20010315`, March 2001. – Zugriff: 16.05.2006

[W3C02]   W3C: *Web Services Glossar: Web Service Definition des W3C von 11/2002.* `http://www.w3.org/TR/2002/WD-ws-gloss-20021114/`, November 2002. – Zugriff: 23.04.2006

[W3C03]   W3C: *W3C Recommendation: SOAP Version 1.2.* `http://www.w3.org/TR/soap12-part0/` & `http://www.w3.org/TR/soap12-part1` & `http://www.w3.org/TR/soap12-part2/`, June 2003. – Zugriff: 01.04.2003

[W3C04a] W3C: *W3C Recommendation: XML Schema.* `http://www.w3.org/TR/xmlschema-1/` & `http://www.w3.org/TR/xmlschema-2/`, October 2004. – Zugriff: 15.05.2006

[W3C04b] W3C: *Web Services Glossar: Web Service Definition des W3C von 02/2004.* `http://www.w3.org/TR/2004/NOTE-ws-gloss-20040211/`, Februar 2004. – Zugriff: 23.04.2006

[W3C06]   W3C: *W3C Candidate Recommendation: Web Services Description Language (WSDL) Version 2.0.* `http://www.w3.org/TR/2006/CR-wsdl20-primer-20060327/` & `http://www.w3.org/TR/2006/CR-wsdl20-20060327/` & `http://www.w3.org/TR/2006/CR-wsdl20-adjuncts-20060327/`, March 2006. – Zugriff: 16.05.2006

[Web04]   WEB SERVICES INTEROPERABILITY ORGANIZATION: *WS-I Basic Profile Version 1.1.* `http://www.ws-i.org/Profiles/BasicProfile-1.1-2004-08-24.html`, August 2004. – Zugriff: 17.05.2006

[Web05]   WEB SERVICES INTEROPERABILITY ORGANIZATION: *Deliverables from the Testing Tools Working Group.* `http://www.ws-i.org/deliverables/workinggroup.aspx?wg=testingtools`, 2005. – Zugriff: 08.06.2006

[Wik06a] WIKIPEDIA.ORG (DEUTSCH): *Common Object Request Broker Architecture.* `http://de.wikipedia.org/wiki/CORBA`, Juni 2006. – Zugriff: 28.06.2006

[Wik06b] WIKIPEDIA.ORG (ENGLISCH): *Representational State Transfer.* `http://en.wikipedia.org/wiki/Representational_State_Transfer`, June 2006. – Zugriff: 28.06.2006

[Win99]   WINER, Dave: *XML-RPC Spezifikation.* `http://www.xmlrpc.com/spec`, June 1999. – Zugriff: 28.03.2006